MW01635406

LE DÉBARQUEMENT

DES PLAGES NORMANDES À PARIS

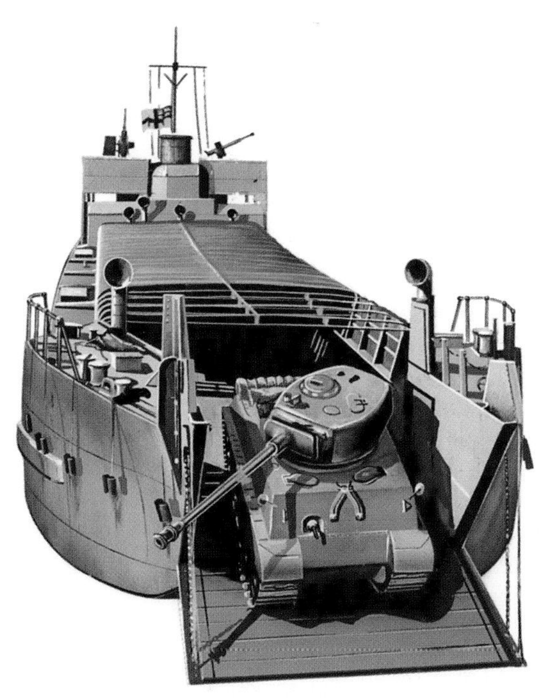

La joie des Parisiens libérés

Bombardier Marauder B. 26

Emblème du 7e corps US

Char Sherman M 4

Soldat anglais dans les ruines de Caen

Canon de 88 mm

Fusil-mitrailleur Bren

Camouflage d'un bunker

Barge de débarquement LCT

LE DÉBARQUEMENT

DES PLAGES NORMANDES À PARIS

par

Anthony Kemp

Traduction de Pierre M. Reyss

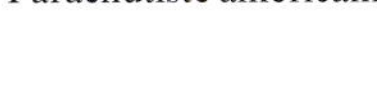

Parachutiste américain

Parachutiste anglais

Omaha Beach, 6 h 30

Le départ des flottes du Jour J

LES YEUX DE LA DÉCOUVERTE / GALLIMARD

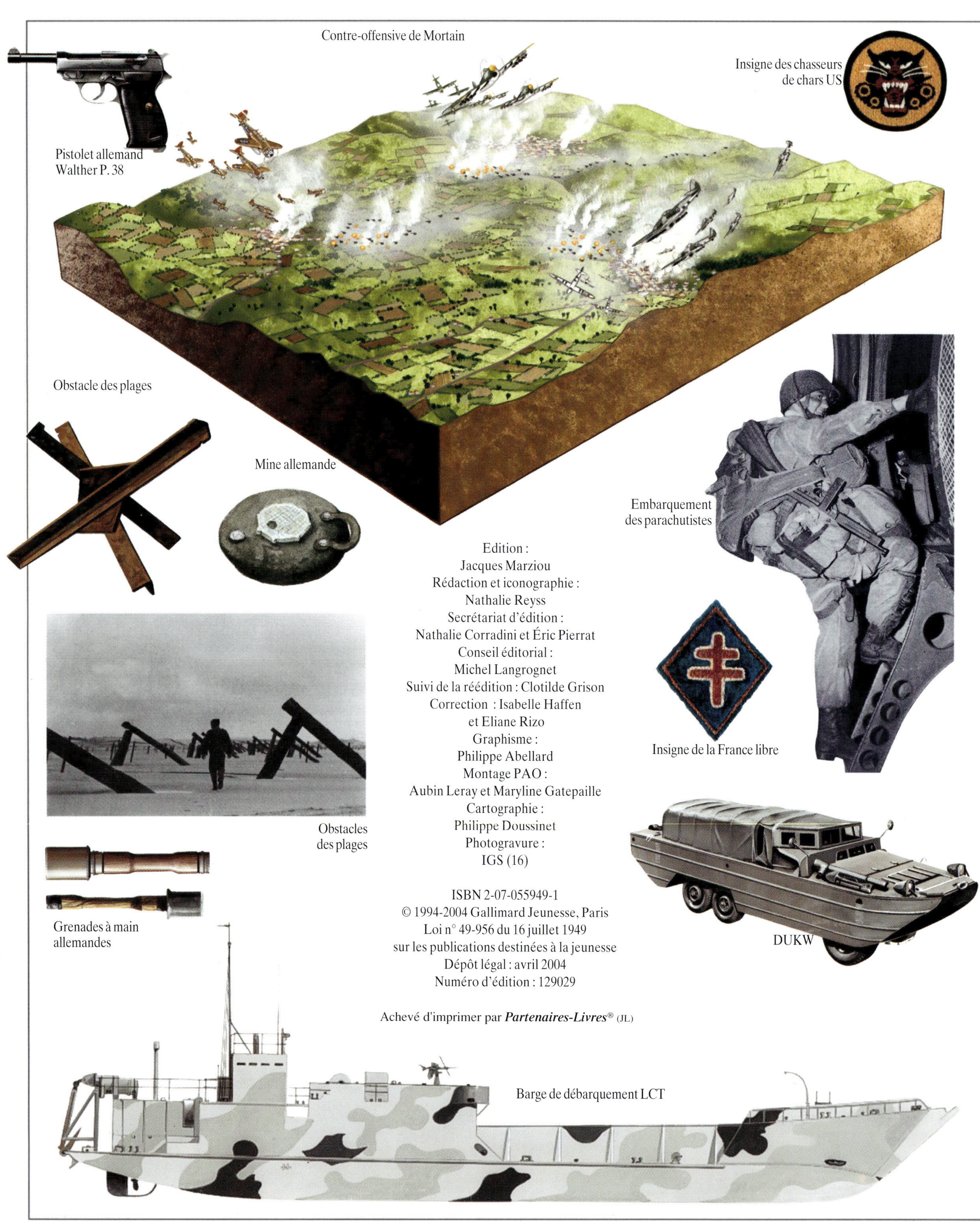

Edition :
Jacques Marziou
Rédaction et iconographie :
Nathalie Reyss
Secrétariat d'édition :
Nathalie Corradini et Éric Pierrat
Conseil éditorial :
Michel Langrognet
Suivi de la réédition : Clotilde Grison
Correction : Isabelle Haffen
et Eliane Rizo
Graphisme :
Philippe Abellard
Montage PAO :
Aubin Leray et Maryline Gatepaille
Cartographie :
Philippe Doussinet
Photogravure :
IGS (16)

ISBN 2-07-055949-1

Loi n° 49-956 du 16 juillet 1949
sur les publications destinées à la jeunesse
Dépôt légal : avril 2004
Numéro d'édition : 129029

Achevé d'imprimer par *Partenaires-Livres*® (JL)

SOMMAIRE

Chasseur-bombardier P. 47 Thunderbolt

Les débarquements dans l'histoire

« Overlord », nom donné par les Alliés au débarquement et à la libération de la Normandie, est la plus vaste opération amphibie jamais entreprise. Mais, du plus loin que remonte la mémoire de l'humanité, notre histoire et nos mythes, de Jason à la Provence, en passant par Guillaume le Conquérant, les conquistadores et l'Invincible Armada, sont jalonnés de tentatives armées pour envahir un pays par la mer. Les défenses côtières, les imposantes fortifications érigées parfois afin d'éviter l'invasion n'ont que rarement joué leur rôle de rempart, pas plus que ne l'a fait le Mur de l'Atlantique imaginé par Hitler.

Les Vikings
Au VIIIe siècle, les Vikings sillonnent les mers à bord de leurs drakkars. Ils font preuve d'une prodigieuse connaissance de la navigation. Ils découvrent le Groenland et vont probablement jusqu'en Amérique. Ils colonisent l'Islande, pillent l'Irlande et mettent la France à feu et à sang.

Les Phéniciens
Au XIe siècle av. J.-C., les Phéniciens (installés dans l'actuel Liban) sillonnent la Méditerranée d'est en ouest, dépassant parfois le détroit de Gibraltar. Ils conquièrent des terres sur les côtes pour installer des comptoirs et des colonies commerciales.

La tapisserie de Bayeux

Le débarquement des Normands en Angleterre, ainsi que la victoire de Guillaume le Conquérant sur Harold, beau-frère du roi Édouard le Confesseur, à Hastings, le 14 octobre 1066, sont relatés en image par une broderie de 70 m de long sur 50 cm de large, aujourd'hui exposée à Bayeux, réalisée par des artistes anglo-saxons, peut-être à l'initiative de la reine Mathilde, l'épouse de Guillaume. Ce chef-d'œuvre reproduit avec une admirable fidélité la vie quotidienne et militaire de l'époque, une véritable bande dessinée documentaire. Sur ce fragment, on peut voir le débarquement des chevaux et les cavaliers qui montent à la charge vers le champ de bataille où périra le roi Harold.

Thésée et le Minotaure
L'une des plus anciennes légendes grecques raconte que Thésée et ses compagnons débarquèrent en Crète où sévissait, tapi dans son labyrinthe, le redoutable Minotaure qui dévorait chaque année 14 jeunes gens, tribut imposé par Minos, roi de Crète à la ville d'Athènes. Se faisant passer pour une victime, Thésée tua le monstre et, aidé de la pelote de fil que lui avait donnée Ariane, la fille du roi, il put sortir du labyrinthe.

Christophe Colomb
Le 12 octobre 1492, la *Santa Maria,* la *Niña* et la *Pinta,* les trois caravelles commandées par le Génois Christophe Colomb pour le compte des rois catholiques d'Espagne, Ferdinand et Isabelle, arrivent en vue d'un chapelet d'îles inconnues. Ce sont les Bahamas, avant-poste de l'Amérique. Pensant avoir abordé l'Asie de Marco Polo par l'ouest, Colomb baptisera « Indiens » les premiers indigènes rencontrés.

L'INVINCIBLE ARMADA
En 1586, le roi Philippe II d'Espagne réunit une flotte gigantesque, l'Invincible Armada, pour aller conquérir l'Angleterre. Pendant la traversée de la Manche, cette flotte est attaquée par les bateaux anglais, plus petits mais plus mobiles, que dirige Francis Drake, le héros de la reine Elisabeth Ire. Alors que l'Armada se trouve à l'ancre devant Calais, les Anglais lancent sur elle des brûlots qui contraignent les Espagnols à se disperser en mer du Nord. Beaucoup de vaisseaux sombrent sur les écueils des côtes.

LES DARDANELLES ET GALLIPOLI
Pendant la guerre de 1914-1918, l'Empire ottoman – la Turquie – est l'allié de l'Allemagne et, en 1915, une expédition franco-britannique est organisée pour s'emparer d'Istanbul. La tentative de franchissement en force du détroit des Dardanelles se solde par un cuisant échec. Au lieu d'une nouvelle épopée, c'est une sanglante boucherie – plus de 200 000 combattants sont tués ou blessés du côté des Alliés, 120 000 victimes dans le camp turc –, de même que le débarquement ultérieur, sur la presqu'île de Gallipoli, dont on voit ci-dessous une illustration. Cependant, la Turquie sera vaincue et les Alliés se partageront son immense empire à la fin de la Première Guerre mondiale.

Pour rendre l'idée de profondeur et de nombre, les artistes ont eu recours à l'« étagement », illustré ici par ces bateaux superposés. Au XIe siècle, on ne connaissait pas encore les techniques de la perspective, telles que le point de fuite, les échelles de grandeur.

LES DÉFENSES DE VAUBAN
Sous le règne de Louis XIV, le maréchal Vauban fait fortifier les frontières françaises, ainsi que le littoral. Il fait édifier un grand nombre d'ouvrages, allant de simples bastions à des ensembles défensifs très complexes ceinturant des villes entières. Une fortification est constituée de remparts et de fossés sur différents niveaux afin de se tenir hors de portée de l'artillerie ennemie. A cette époque de guerres de siège, Vauban choisit de construire des tours bastionnées imposantes et intimidantes pour les ennemis, plutôt que de simples bastions à plusieurs enceintes.

De magnifiques maquettes des œuvres de Vauban sont réalisées pour permettre au roi d'en étudier le dessin. Ci-dessus, la forteresse de Belle-Ile, édifiée pour empêcher les Anglais de débarquer sur l'île. En 1696 et 1703, la forteresse résiste à deux sièges, mais elle tombe aux mains des Anglais en 1761. Elle présente la forme classique « en étoile » des fortifications de cette époque.

La guerre sur tous les fronts

La guerre éclate en septembre 1939 quand Hitler envahit la Pologne. Les armées allemandes occupent la plus grande partie de l'Europe. Mais lorsqu'elles s'attaquent à l'Union soviétique, elles sont vaincues par le terrible hiver russe. En décembre 1941, les États-Unis entrent en lice aux côtés de l'Angleterre et le cours de la guerre change. Les Allemands sont contraints de se battre sur deux fronts. À la fin de 1943, les Alliés peuvent envisager la libération de l'Europe.

Soldats allemands renversant un poteau-frontière lors de l'attaque de la Pologne. En quelques brèves semaines, ce petit pays est littéralement rayé de la carte.

56e ANNÉE – N° 20.250 *** SAMEDI 2 SEPTEMBRE 1939

Les troupes allemandes attaquent la Pologne

MOBILISATION GÉNÉRALE EN FRANCE AUJOURD'HUI 2 SEPTEMBRE

L'EMPIRE BRITANNIQUE MOBILISE A SON TOUR

Le 3 septembre 1939, à la suite de l'invasion de la Pologne par les nazis et l'URSS, la France et l'Angleterre déclarent la guerre à l'Allemagne. La Grande-Bretagne envoie sa petite armée aux côtés des troupes françaises le long de la frontière allemande.

Churchill
Winston Churchill, Premier ministre anglais à la déclaration de guerre, faisant de ses doigts le célèbre « V » de la victoire. Homme de génie et d'imagination, il est fait pour gouverner dans la tempête. En juin 1940, alors que les troupes anglaises fuient Dunkerque en catastrophe et que la défaite paraît imminente, il fait serment de continuer la lutte contre l'Allemagne nazie et commence à préparer le retour sur le sol français.

Les Allemands ont songé à envahir la Grande-Bretagne, mais il leur fallait d'abord réduire à merci la Royal Air Force. Tout au long de l'été 1940, les jeunes pilotes de Spitfire infligent à Hitler sa première défaite lors de la « bataille d'Angleterre ».

Dunkerque
En mai 1940, les Allemands parviennent jusqu'aux côtes de la Manche, coupant le petit corps expéditionnaire anglais du gros des forces françaises. Acculés à la mer, les Anglais doivent se replier sur Dunkerque et une délicate opération de sauvetage s'organise. Une armada innombrable, comprenant aussi bien des bateaux civils que des voiliers de plaisance, est rameutée en hâte. Sous un déluge de feu, de longues files d'hommes, dont de nombreux soldats français, se rassemblent sur les plages et peuvent enfin être rapatriés vers l'Angleterre.

Les Allemands appellent « Blitzkrieg » la guerre-éclair. Ils opèrent, avec leurs blindés, une percée dans les lignes des défenseurs démoralisés par les sirènes et les bombes des Stukas.

Une fois la brèche ouverte, l'infanterie fait mouvement alors que les tanks continuent leur ruée. Cette tactique de mouvement va révolutionner l'art de la guerre.

Junker 87 ou Stuka

À LA UNE
Le 8 novembre 1942, Franklin D. Roosevelt appelle à l'attaque du second front : l'invasion de l'Afrique du Nord par les Alliés anglo-américains, et pas seulement les GI's, comme l'écrit ce journal.

L'OPÉRATION TORCH
La première opération d'envergure lancée par les Alliés est la conquête des territoires français d'Algérie et du Maroc où ils prennent pied en novembre 1942. Le commandant en chef désigné est le général Eisenhower. Ils progressent en direction de la Tunisie et, après une rude campagne, ils éliminent les dernières forces allemandes d'Afrique du Nord en mars 1943.

STALINGRAD

Vers la fin de 1942, la Wehrmacht a profondément pénétré en Russie et atteint la ville stratégiquement capitale de Stalingrad. Les Russes résistent héroïquement, contraignant les Allemands à se battre maison par maison au milieu des ruines. Finalement, ils encerclent la VIe armée allemande du général von Paulus et la forcent à se rendre. À partir de ce moment, les Allemands, empêtrés dans l'effroyable hiver russe, sont réduits à des manœuvres purement défensives.

LE SECOND FRONT
Pour sauver les colonies de ses alliés italiens en Afrique du Nord d'une irrémédiable défaite, Hitler est forcé d'y envoyer les blindés de la 7e division, commandés par le maréchal Rommel. Celui-ci s'approche de la frontière égyptienne, mais il est battu à El-Alamein par le général Montgomery en novembre 1942.

FINAL SUNDAY NEWS 5 CENTS

U.S. INVADES FRENCH NO. AFRICA

F.D.R. CALLS ATTACK OUR SECOND FRONT

EXTRA

PEARL HARBOR
Au début de la guerre, l'Amérique se cantonne dans une stricte neutralité, alors que le Japon, pour sa part, affiche une sympathie marquée pour les nazis. Le 7 décembre 1941 au matin, une puissante flotte aérienne de bombardiers japonais ayant décollé de porte-avions attaque par surprise et détruit, sans déclaration de guerre, la base navale américaine de Pearl Harbor à Hawaii dans le Pacifique. Ils coulent plusieurs navires de guerre et des dizaines d'avions de combat. « C'est un jour à jamais marqué d'infamie », déclare le président Roosevelt. Le résultat majeur de l'opération sera l'entrée en guerre des Etats-Unis.

LA VIE EN FRANCE OCCUPÉE

Lorsque la France rend les armes en juin 1940, les Allemands occupent la France au nord de la Loire et les côtes atlantiques, ne laissant qu'une fraction du territoire français sous l'administration du régime de Vichy. La France plie sous le joug des occupants qui raflent tout et imposent la rude loi d'un gouvernement nazi. Malgré les restrictions alimentaires permanentes, les couvre-feux et les arrestations arbitraires, la vie continue avec un air presque normal.

Le maréchal Pétain était le grand vainqueur des Allemands à Verdun en 1918. Rappelé au soir de la défaite en 1940, il prend la tête du gouvernement qui signe l'armistice avec l'Allemagne nazie.

L'armistice entre la France et l'Allemagne a été signé

hier, à 18 heures 50 en forêt de Compiègne

LA DÉFAITE

Le 22 juin 1940 à Rethondes dans la forêt de Compiègne, dans le wagon même où les Allemands avaient conclu l'armistice de 1918, les Français sont contraints de signer la reddition et d'accepter leurs conditions de paix. Les Allemands décident d'occuper toute la moitié nord du pays et sa façade atlantique et obligent l'armée française à se démobiliser, mais ils laissent intacts la marine et l'empire colonial ; c'est la victoire d'Hitler. Pourtant, quatre jours plus tôt, un général refuse l'armistice et lance un appel à partir de la radio de Londres ; c'est l'appel du 18 juin du général de Gaulle : « La France a perdu une bataille ! Mais la France n'a pas perdu la guerre. »

« LES ENFANTS DU PARADIS »

Commencé le 16 août 1943 aux studios de la Victorine à Nice dans des conditions difficiles, ce film de Marcel Carné est l'un des plus grands succès du cinéma français. Le tournage est interrompu lorsque les Alliés débarquent en Italie, puis reprend début 1944. Dans les dialogues de Jacques Prévert, on peut deviner certains sous-entendus à propos de l'Occupation, même si l'action se déroule dans le Paris populaire des années 1830. Carné réussit à faire travailler clandestinement le célèbre décorateur de cinéma Alexander Trauner car ce dernier est juif, ainsi que Joseph Kosma, qui écrit la musique. Le film en deux parties – « Le Boulevard du crime » et « L'Homme blanc » – est interprété par les plus grands acteurs de l'époque : Arletty, Jean-Louis Barrault, Pierre Brasseur, Pierre Renoir, Maria Casarès… Ce chef-d'œuvre du « réalisme poétique » ne fut présenté qu'en mars 1945. Il resta 54 semaines d'affilée à l'affiche dans toute la France.

L'EFFORT DE GUERRE

Toute l'économie de la France est mise au service de l'effort de guerre allemand, ce qui contraint le régime de Vichy à réduire les rations alimentaires de la population à un niveau de quasi-famine. Les pénuries de chauffage font mourir de froid de nombreuses personnes et la production chute dans des proportions alarmantes.

Pour compenser le manque de main-d'œuvre dans leurs usines, les Allemands créent le STO (Service du travail obligatoire) qui obligeait les hommes valides à partir travailler outre-Rhin.

Malgré les restrictions de tous ordres, les cafés de Paris et des autres villes restent ouverts, fréquentés par les soldats allemands. Il est difficile de trouver de quoi se vêtir, mais, en improvisant, les citadins réussissent à paraître élégants. Les théâtres et les cinémas ne désemplissent pas.

Chaque citoyen est titulaire d'une carte de rationnement qui lui permet d'obtenir à peine de quoi subsister et quelques municipalités peuvent délivrer, avec parcimonie, des bons pour du charbon, du lait, de la viande, etc. Affamés, les Français improvisent, allant jusqu'à vendre des souvenirs de famille pour acheter de quoi manger.

Denrées non rationnées

Ticket de carburant

Ticket de viande

Tickets de fromage

UN PAYS D'OTAGES

Quand la Résistance lance une attaque contre l'ennemi, les Allemands pratiquent une de leurs tactiques favorites : la prise d'otages. Aidés par la Milice, ils arrêtent un certain nombre de personnalités de la localité et menacent de les fusiller à moins que les coupables des attentats ne se dénoncent (ou soient dénoncés). Plusieurs fois, ils mettent leurs menaces à exécution, abattant des individus innocents, ce qui a pour effet de dresser une partie de l'opinion publique contre la Résistance. Durant cette guerre, plus de 30 000 personnes furent fusillées, un lourd tribut à la lutte contre l'occupant.

L'AFFICHE ROUGE

Cette infâme « affiche rouge », placardée sur les murs en février 1944, est destinée à nourrir la propagande présentant les résistants comme autant de communistes étrangers et de juifs, en affirmant que ces « criminels » sont les auteurs d'actes de sabotage et d'assassinats. Elle représente le portrait du groupe commandé par Missak Manouchian.

LA MILICE

Sous la pression des autorités allemandes, la France constitue une force de police para-militaire, connue sous le nom redouté de Milice. Au départ, ces hommes sont appelés à combattre la Résistance et ils y gagnent la haine inextinguible des patriotes français. Ils collaborent activement aux tâches les plus ignobles telles que les rafles de juifs.

L'ÉTOILE JAUNE

Avec l'active collaboration du gouvernement de Vichy, les Allemands imposent leur législation anti-juifs en zone occupée au cours de l'été 1942. Toute activité professionnelle est interdite aux juifs, ils sont chassés de l'armée, de la magistrature, des professions libérales et des universités ; même l'accès des jardins publics leur est prohibé. Et les déportations commencent : les juifs sont raflés et envoyés par convois entiers vers les camps d'extermination de Pologne. Le port de l'étoile jaune est rendu obligatoire, même dans la zone dite « libre », à partir de juin 1942.

Entre 60 000 et 65 000 juifs sont déportés de France pendant la guerre. Ils ne seront que quelques milliers à revenir des camps.

À L'HEURE ALLEMANDE

Les côtes de l'Atlantique et de la Manche sont occupées par l'armée allemande, comme ici en Normandie. Ils « germanisent » le pays en apposant des panneaux indicateurs en allemand pour faciliter le déplacement des troupes. Cette région relativement calme est considérée comme un paradis par les soldats. La population civile, en proie à la disette, ne partage pas la même opinion.

Plusieurs camps de concentration sont organisés en France dont le plus connu est celui de Drancy, dans la banlieue nord de Paris. Les soldats nazis, aidés par la police française, opèrent de nombreuses rafles de juifs. Hommes, femmes et enfants sont parqués dans ces camps, dont ils ne sortent que pour embarquer dans des trains à destination d'Auschwitz.

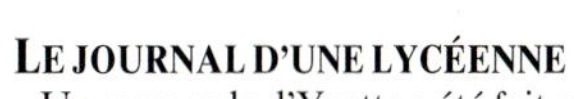

LE JOURNAL D'UNE LYCÉENNE

« Un camarade d'Yvette a été fait prisonnier. Il a seize ans. C'était pour avoir lacéré une affiche. On l'a mis en cellule pour trois mois et quand son père est venu le chercher, il a été obligé de l'emmener en ambulance parce qu'il ne pouvait plus se lever. Maintenant il est très malade. On ne lui avait donné absolument que du rutabaga. Nous nous demandons avec anxiété comment nous finirons le mois. En mangeant du rutabaga, probable. [...] Au bac, j'ai pris le sujet de morale qui était magnifique mais dangereux : “Justice et Liberté”. »

STRATÉGIE ET POLITIQUE

En 1940, l'Angleterre n'est pas de taille à s'opposer à la puissance allemande et les États-Unis ne disposent que d'une petite armée de métier. Les chefs alliés et leurs états-majors mettent au point des décisions d'ordre politique. Il est convenu que la défaite de l'Allemagne est l'objectif prioritaire. Les Anglais préfèrent une attaque en Méditerranée en frappant le « ventre mou » de l'Europe occupée, alors que les Américains sont partisans d'une invasion de la France, dès 1943. Par ailleurs, il apparaît indispensable d'ouvrir un second front pour soulager les Russes de la pression que leur font subir les armées allemandes.

LES OPÉRATIONS COMBINÉES

Alors que les troupes anglaises sont évacuées en hâte de France, au début de l'été 1940, Winston Churchill proclame qu'il poursuit la lutte. Il a conscience que, pour battre l'Allemagne, les Alliés devront débarquer en force sur le continent. Il n'existe alors aucun engin de débarquement et nulle troupe n'a l'expérience d'opérations amphibies. Il crée alors un nouvel organisme, appelé Opérations Combinées, pour mener des raids sur les côtes de l'Europe occupée.

L'amiral lord Louis Mountbatten, cousin du roi d'Angleterre, est nommé à la tête des Opérations Combinées et prend en charge les préparatifs des débarquements de Normandie. Plus tard, il sera promu commandant en chef allié en Asie du Sud-Est.

LE RAID DES ÎLES LOFOTEN

Les Anglais créent une unité spéciale pour effectuer ces raids, connue sous le nom de Commandos, qui ne sont constitués que de jeunes gens, tous volontaires. Leur premier raid d'importance a pour objectif les possessions norvégiennes des îles Lofoten, au nord de l'Europe, en mars 1941, où 1 000 hommes détruisent plusieurs navires et des usines travaillant pour l'Allemagne. En conséquence, les Allemands vont se croire obligés de laisser stationner 300 000 hommes en Norvège, qui feront défaut en France le Jour J.

TOUS CONTRE HITLER

Pour porter la guerre en territoire français contre les Allemands, Churchill se fixe trois objectifs : écarter la menace d'une invasion nazie en Grande-Bretagne, entraîner une nouvelle armée anglaise et associer le potentiel industriel et humain des Etats-Unis, qui entrent dans la guerre après Pearl Harbor.

L'OPÉRATION « MARTEAU-PILON »

En août 1942, une division canadienne et des unités de Commandos britanniques, dirigées par lord Mountbatten, débarquent devant Dieppe sur les côtes de la Manche pour exécuter le raid le plus ambitieux jamais conçu. Les Allemands les attendent de pied ferme et l'opération tourne au désastre complet. Malgré de nombreux actes de courage individuels, la moitié des assaillants sont mis hors de combat, notamment parce qu'ils manquent d'un appui de l'artillerie. Les Canadiens y perdent 3 379 hommes, tués ou faits prisonniers. Cependant, on en retire d'instructives leçons qui vont, ultérieurement, contribuer au succès des débarquements du Jour J.

LE TEST

En janvier 1942, les Alliés, réunis à la conférence de Washington, s'engagent à coordonner leur politique militaire. Ils décident de monter une opération consistant en un débarquement-test dans la région de Calais au cours de l'été 1942. L'objectif final est d'amener une force suffisante pour tenir un port pendant un certain temps avant de se retirer, effectuant ainsi, à une échelle réduite, un prélude à une action de grande envergure. Un autre but est d'amener l'aviation allemande à se battre et surtout d'inciter les troupes nazies à dégarnir le front de l'Est. Le Canada a envoyé ses hommes en Angleterre, mais ils sont arrivés trop tard pour être engagés sur le front français. Le monde entier se bat et les troupes canadiennes n'ont toujours pas rencontré le premier ennemi. Elles revendiquent alors l'honneur d'assurer seules, ou presque, la première tentative de débarquement en Europe. C'est donc la 2e division canadienne qui est désignée pour l'opération Sledgehammer (marteau-pilon) : le débarquement sur Dieppe.

Le 22 juin 1941, Staline est surpris par le déclenchement de l'opération « Barberousse » : l'attaque de l'Union soviétique par Hitler.

LE FRONT DE L'EST
L'Armée rouge doit faire retraite sous la puissante poussée des Allemands quand ceux-ci envahissent l'URSS en juin 1941. Staline craint un moment d'être contraint de signer une paix séparée avec les nazis.
Il insiste pour que l'Angleterre et les Etats-Unis ouvrent un second front en débarquant en France et soulagent ainsi la pression subie par ses troupes. Il n'a pas compris que ses Alliés doivent d'abord s'équiper en hommes et en matériel avant d'entreprendre une aussi redoutable opération.

Churchill (à droite) rencontre Roosevelt (2e à gauche) à Casablanca en janvier 1943. Ils tentent de persuader les deux généraux français, Giraud (à gauche) et de Gaulle, (2e à droite) de coopérer.

LES LEÇONS DE DIEPPE

Deux mois après l'échec de Dieppe, les Alliés débarquent avec succès en Afrique du Nord. Lors de la conférence de Casablanca, ils décident de préparer l'assaut contre la Sicile, le sud de l'Italie et, dans le même temps, l'invasion sur les côtes de la Manche. Ils créent à Londres un organisme chargé d'explorer toutes les possibilités de débarquement qui prend le nom de COSSAC. Après mûre réflexion, on opte pour le Cotentin dans une zone située entre l'Orne et la Vire. L'opération est baptisée « Overlord » (suzerain).

LE CHAR CHURCHILL
Le char anglais Churchill (ci-dessus) pèse 40 tonnes et est doté d'un canon de six livres. Plusieurs de ces engins participent au raid de Dieppe, mais ils s'avèrent incapables de franchir le mur de béton barrant la plage et de pénétrer dans la ville. Ceux qui réussissent à passer l'obstacle sont arrêtés plus loin par les blocs de béton que les Allemands ont disposés pour obstruer les rues.
Cet échec conduit les Alliés à mettre au point, pour les débarquements ultérieurs, des types spéciaux d'engins blindés capables de détruire les fortifications et de franchir tous les obstacles.
L'échec de Dieppe est largement exploité par les services de renseignements du IIIe Reich qui se voient apporter sur un plateau une éclatante victoire. La propagande nazie diffuse nombre de films et de photos de chars détruits et de colonnes de prisonniers, mais n'entame pas le moral des troupes alliées.

Le général Frederick Morgan se voit confier le COSSAC.

LES AMÉRICAINS ARRIVENT
En vue du Jour J, des centaines de milliers de soldats américains sont transportés par mer en Angleterre. Cette « invasion amicale » est un succès total. Les jeunes recrues se font rapidement des amis auprès des enfants anglais à qui ils offrent généreusement tablettes de chewing-gum et de chocolat.

Opération Fortitude

Pour réussir un débarquement en Normandie, la surprise est un facteur essentiel et il est décidé de leurrer les Allemands en leur faisant croire que le débarquement aura lieu dans le Pas-de-Calais. Sous le nom de code Fortitude, une armée fantôme est implantée en face de Calais : même après les débarquements de Normandie, les Allemands demeureront convaincus que cette offensive était une manœuvre de diversion. Il faut également être parfaitement renseigné sur les défenses allemandes : cette tâche est réalisée par les résistants français de Normandie.

Poste-valise émetteur-récepteur clandestin

Le décodage des messages

La machine *Enigma* est utilisée par les Allemands pour coder leurs messages secrets. Ultra-perfectionnée, elle consiste en un clavier de machine à écrire agissant sur des tambours rotatifs. Un de ces appareils tombe aux mains des Anglais au début de la guerre et permet à ceux-ci de décrypter tous les ordres donnés aux commandants d'unité sur le champ de bataille. Montgomery l'utilisera durant la campagne de Normandie.

Calais

Cette carte montre les deux objectifs possibles en France. Calais est la route la plus courte, mais les défenses allemandes y sont beaucoup plus puissantes, et la côte est bordée de hautes falaises difficiles à franchir, notamment pour les blindés. De plus, les ports sont particulièrement fortifiés. Cependant, elle est la région française la plus proche des centres industriels de l'Allemagne, cibles des bombardiers britanniques. Les Alliés choisissent alors la Normandie, plus précisément la zone située entre l'Orne et la Vire, pour contourner la ligne de mines, bien qu'elle soit à l'extrême limite du rayon d'action des avions basés en Angleterre.

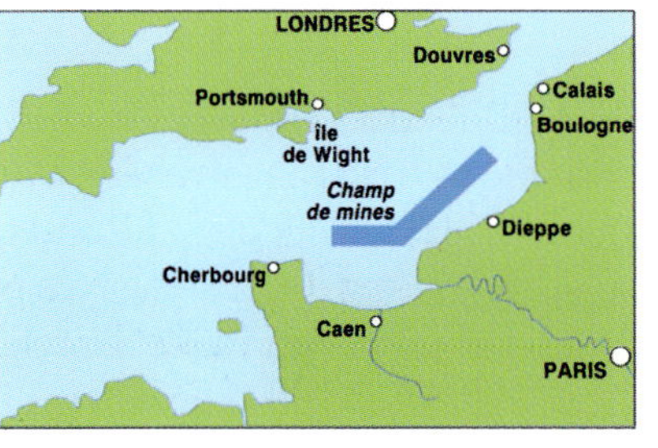

Le renseignement

Les Alliés ont également besoin de renseignements sur la nature des obstacles installés sur les plages et sur la consistance du sable. Ils utilisent des sous-marins miniature qui emportent deux hommes-grenouilles. En février, ces « visites » sont interrompues, de peur qu'un homme soit capturé et que l'attention de l'ennemi soit attirée sur la zone.

Jeunes résistants apprenant le maniement d'une mitraillette Sten. Des milliers d'armes sont parachutées pour équiper les maquisards.

Les photographies aériennes font croire qu'il s'agit d'objets réels.

Eléments essentiels pour induire les Allemands en erreur, des centaines de véhicules gonflables et de faux engins de débarquement, faits de toile et de caoutchouc, sont réalisés.

Plaquette incendiaire avec son manuel en six langues

JEAN MOULIN

Les divers mouvements de la Résistance étaient divisés en fonction de leur idéologie politique. Dans le but de les réunir sous un même drapeau, Jean Moulin est envoyé en France en janvier 1942 comme représentant personnel du général de Gaulle. En juin 1943, il est dénoncé à la Gestapo de Lyon.

Affreusement torturé, il gardera le silence jusqu'à sa mort lors de son transport vers l'Allemagne.

LE SABOTAGE

Des pains de « plastic », explosif d'un maniement sûr et facile, sont fournis en grande quantité aux résistants pour leurs opérations de sabotage. Ils sont utilisés pour détruire les lignes de chemin de fer, calés sous les rails. Un historien anglais a écrit que 10 kg de plastic aux mains des maquisards étaient bien plus utiles qu'un millier de tonnes de bombes larguées au-dessus de l'Allemagne.

Nuit après nuit, de petits groupes de résistants guettent le bruit des avions pour allumer les feux de balisage des zones de largage. Les parachutes leur apportent des armes, des explosifs et des instructeurs.

LES MISSIONS DE SABOTAGE

Les voies ferrées sont les cibles favorites des saboteurs et dans les semaines qui précédèrent le Jour J, la Résistance reçoit l'ordre de faire sauter toutes les lignes de chemin de fer menant en Normandie. Ici, quelques hommes disposent leurs charges sous les rails et les relient à un détonateur par un cordon Bickford. Le général Eisenhower déclarera plus tard que les actions de la Résistance ont contribué à réduire la durée de la guerre d'au moins neuf mois.

L'ARMÉE PATTON

Un autre préparatif de diversion est la création d'un grand quartier général imaginaire pour le groupe d'armées Patton, basé dans le Kent, qui encombre les ondes d'un faux trafic radio. Les Allemands savent que Patton est un officier très combatif, mais ils ignorent son rôle réel.

Ce char Sherman, gonflable, grandeur nature, n'est qu'un exemple des moyens employés par Fortitude.

Munis d'un compresseur d'air, les soldats se déploient en tous sens pendant la nuit pour gonfler des leurres et faire croire à une concentration de troupes en face de Calais.

LE JUNKER 88

Ce bombardier moyen est utilisé par les Allemands comme avion de reconnaissance. On leur « permet » de survoler certaines zones du sud de l'Angleterre et de prendre des photos aériennes des chars factices et des faux terrains d'atterrissage de l'opération Fortitude, mais ils sont rapidement abattus s'ils se hasardent à venir observer la véritable flotte qui se rassemble en vue du débarquement.

Une station de radar mobile allemande « Wurburg ». Pour empêcher l'ennemi de déceler les mouvements de la flotte de débarquement, des avions sont envoyés au-dessus des radars et lâchent des bandelettes d'aluminium qui brouillent les écrans.

Antenne

Unité de contrôle

Remorque

LE DÉSARROI DES CHEFS DE LA WEHRMACHT

Les chefs militaires allemands savent que les Alliés tenteront de débarquer en Europe en 1944, mais ils ne savent pas où. Les généraux ont des opinions différentes sur cette invasion, et ils sont incapables de mettre sur pied une stratégie commune. Une autre complication vient de ce que Hitler se réserve d'intervenir dans toutes les décisions de ses officiers sur le terrain. Le résultat est que le commandement allemand en Normandie est paralysé. Si, sur le papier, l'armée est encore puissante, en fait, de nombreuses divisions sont composées d'hommes âgés ou en mauvaise condition physique et d'étrangers.

LE RENARD DU DÉSERT
Le maréchal Erwin Rommel, vétéran de la guerre du désert où il se battit contre Montgomery en Afrique du Nord, est le commandant du groupe d'armées B qui a pour mission de défendre un front qui s'étend de la Belgique à l'embouchure de la Loire. Officier de grande valeur, il est d'avis de repousser les Alliés au moment où ils prendront pied sur les plages.

L'ÉTAT-MAJOR
De gauche à droite : le général von Schweppenburg, commandant du groupe d'armées Panzer, le général Blaskowitz, chef du groupe d'armées G, le maréchal Sperrle, commandant en chef de l'aviation, le maréchal von Rundstedt, chef des armées de l'Ouest, le maréchal Rommel et l'amiral Kranke représentant la marine.

LE MARÉCHAL GERD VON RUNDSTEDT
Le commandant suprême de l'Ouest est, à 69 ans, le plus âgé des officiers généraux allemands. Il est également l'officier général le plus élevé en grade de la Wehrmacht. Il a la charge des 5 000 km du Mur de l'Atlantique. Contrairement à Rommel, il est partisan d'attendre que les Alliés établissent une tête de pont, puis de les écraser sur les plages en une puissante contre-attaque menée par des unités blindées. Même après le Jour J, il demeure convaincu que les débarquements principaux auront lieu ultérieurement dans le Pas-de-Calais et que l'opération Overlord est un exercice de diversion. De son quartier général au château de Saint-Germain, il n'a guère d'autorité sur les opérations de combat : il sera limogé par Hitler pour avoir tenu des propos défaitistes à la fin de juin 1944.

L'APPROVISIONNEMENT
En raison de la pénurie de carburant et de moyens de transport, les divisions d'infanterie en Normandie ne peuvent compter que sur des chevaux, même pour tracter l'artillerie de campagne. Sur cette photographie, un obstacle anti-char, appelé « porte belge », est amené en position sur une plage. Pendant la bataille de Normandie, les puissantes divisions blindées de Panzer seront handicapées par le manque de carburant.

LES RADEAUX MINÉS
Un autre système de défense consiste en un radeau de bois portant des mines. Enchaîné à un piquet, le radeau flotte juste au-dessous de la surface de l'eau et ses mines explosent au passage d'un bateau. Ces appareils causeront le naufrage de nombreuses barges de débarquement le Jour J.

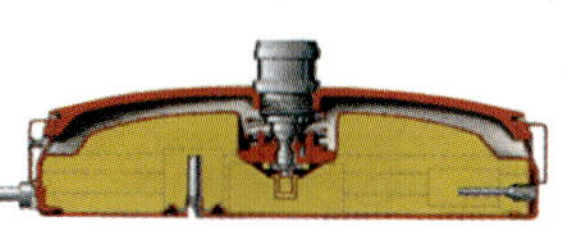

Les Allemands ont semé des millions de mines sur les plages et dans l'intérieur des terres : mines anti-chars et mines anti-personnel.

ROMMEL, LE MAÎTRE DU MUR DE L'ATLANTIQUE

Quand Rommel entre en scène, au début de 1944, il s'intéresse tout particulièrement au programme de construction des ouvrages défensifs et effectue de nombreuses inspections des chantiers. On le voit ici examinant un rail métallique dont le pied peut pivoter. S'il est heurté, la base active une mine ou un obus qui explose. Rommel arbore au cou sa croix de chevalier et tient en main son bâton de maréchal. Gravement blessé en Normandie, le 18 juillet, dans l'attaque de sa voiture par un avion Spitfire de la RAF, il est remplacé par le maréchal von Kluge. Impliqué dans l'attentat manqué contre Hitler le 20 juillet 1944, Rommel sera contraint par les nazis de se suicider.

Sur les plages, les poteaux portent à leur sommet une mine anti-char.

Ces « rails » sont des pieux de bois, d'acier ou de fer, plantés sur les plages de Normandie, qui ont été conçus par les Allemands pour déchirer la coque des barges de débarquement à marée haute.

LES DÉFENSES DES PLAGES
Vue des défenses d'une plage, prise à marée basse. Les Allemands pensent que les débarquements s'effectueront à marée haute, mais les Alliés choisissent d'attaquer à marée basse afin que le génie puisse démolir les obstacles. Malgré les énormes efforts déployés par les nazis, les défenses n'entraveront pas sérieusement les opérations, et les engins de débarquement seront rapidement à même de décharger leur cargaison.

LES HÉRISSONS TCHÈQUES
Des obstacles de types variés sont implantés pour entraver les mouvements de chars. Certains sont connus sous le nom de « hérissons tchèques » parce que les Allemands les ont prélevés dans les fortifications tchécoslovaques d'avant-guerre. Il existe aussi des tétraèdres d'acier et des milliers de blocs de béton. Ils se révèleront inefficaces et seront rapidement neutralisés par le génie.

LE MUR DE L'ATLANTIQUE

Ayant envahi et occupé toutes les régions littorales d'Europe occidentale, à l'exception de l'Espagne et du Portugal, Hitler doit les défendre et, lorsque ses armées s'attaquent à la Russie, il manque de troupes. Il décide alors d'élever des fortifications sur les côtes et entreprend de faire construire ce que l'on appellera le Mur de l'Atlantique, réseau complexe de batteries d'artillerie lourde, de casemates et d'obstacles anti-chars, qui n'est pas terminé quand les Alliés débarquent. La densité des points d'appui varie selon les risques d'invasion et les ouvrages les plus puissants sont édifiés dans la région du Pas-de-Calais et des îles Anglo-Normandes. La tâche est menée à bien par un organisme paramilitaire, appelé Organisation Todt, qui réquisitionne la main-d'œuvre nécessaire dans les territoires occupés.

LE BUNKER

Les travaux de construction du Mur de l'Atlantique commencent vraiment au début de 1942. Des batteries d'artillerie lourde capables d'atteindre l'Angleterre sont enterrées sous de massives constructions reliées par un réseau de souterrains. Pour protéger les canons des tirs, on les loge dans des abris de béton appelés « bunkers » dont l'inconvénient majeur est de réduire l'angle de tir des pièces.

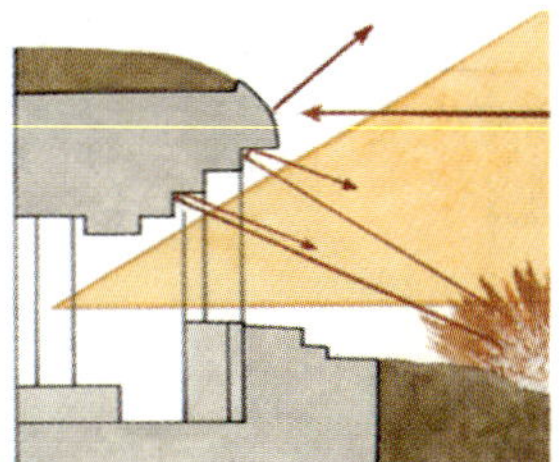

LE POSTE DE CONDUITE DE TIR

L'étage supérieur abrite un télémètre et, au-dessous, se trouve le poste de conduite proprement dit où l'on calcule la distance, la vitesse et la route de l'objectif en mer. Les coordonnées de tir sont transmises directement aux pièces par un procédé mécanique et affichées sur les cadrans de pointage. Quand le signal d'alarme résonne, les artilleurs se ruent à leurs postes, chargent les canons, lisent les indications de tir et ouvrent le feu. L'embrasure « en escalier » a l'avantage de donner un champ de tir maximal tout en atténuant les effets d'un coup à proximité. Les formes arrondies du toit et des parois répondent au même but.

CAMOUFLAGE

Lorsque l'on verse le béton pour construire le bunker, des pitons d'acier sont laissés à l'air libre pour accrocher les filets de camouflage. On laisse pousser la végétation naturelle et les allées de béton sont peintes en vert et couleur de terre. Quand le bunker est difficile à dissimuler, par exemple au milieu d'habitations privées, les Allemands le camouflent en lui donnant des airs de villa normande. Un poste de tir fut même déguisé en clocher d'église.

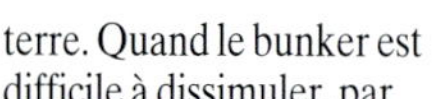

Ce plan de la batterie de Longues, entre Arromanches et Port-en-Bessin, montre les quatre casemates, le poste de tir et divers petits bunkers. La zone est entièrement cernée de barbelés et d'un champ de mines. Les parois de béton armé mesurent jusqu'à 2 m d'épaisseur. La pièce elle-même est protégée par un bouclier d'acier et, en retrait, se trouve une soute à munitions.

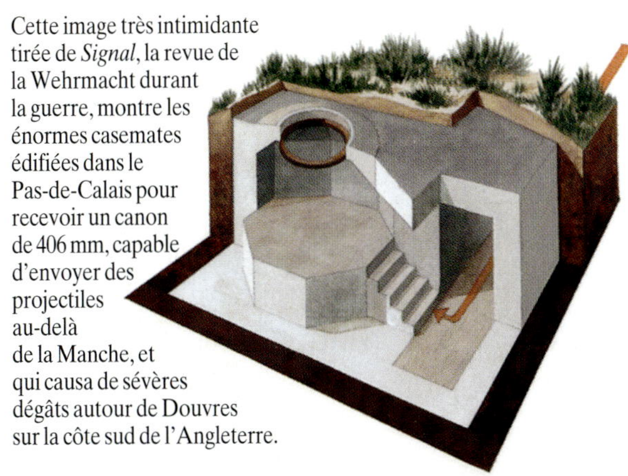

Cette image très intimidante tirée de *Signal*, la revue de la Wehrmacht durant la guerre, montre les énormes casemates édifiées dans le Pas-de-Calais pour recevoir un canon de 406 mm, capable d'envoyer des projectiles au-delà de la Manche, et qui causa de sévères dégâts autour de Douvres sur la côte sud de l'Angleterre.

La défense anti-aérienne

Le Mur de l'Atlantique compte également une artillerie anti-aérienne très dense. La plupart des pièces mises en place en Normandie sont de petit ou de moyen calibre, souvent installées de telle sorte qu'elles puissent remplir un double rôle, à la fois contre les avions et, en tirant à l'horizontale, contre l'infanterie d'assaut. Cette photographie montre un canon anti-aérien tracté de petit calibre. Le train de roues est retiré pendant le tir et la pièce repose sur un châssis spécial. Dotée d'une cadence de tir très élevée, cette arme est approvisionnée par des chargeurs de cinq obus introduits au-dessus de la culasse mobile. Cette illustration (en haut à gauche) montre l'emplacement de béton, connu sous le nom de « position Tobrouk », capable de supporter le feu d'une DCA légère.

L'approvisionnement

Derrière la casemate de tir se trouve un abri de béton où vit le peloton des servants. De nombreuses batteries d'artillerie en Normandie sont équipées de pièces de tous calibres capturées dans les pays vaincus : Tchécoslovaquie, Russie, France, etc., ce qui pose de graves problèmes d'approvisionnement en munitions. Bien que les ouvrages paraissent impressionnants, aucune de ces batteries ne causera de réels dommages aux assaillants le Jour J et le « Mur » tant vanté par Hitler sera facilement enfoncé en quelques heures.

Les Allemands utilisent sur une grande échelle les filets de camouflage pour déguiser les défenses. Les casemates d'artillerie sont couvertes d'un filet entre les mailles duquel sont attachées des bandes de toile pour imiter la végétation, et les parois de béton ressemblent à des rochers inoffensifs.

Soute à munitions

Servants de pièces

L'attente

L'équipe d'un poste de conduite de tir, avec son télémètre et son calculateur, surveille la mer. Imaginez sa surprise à l'aube du Jour J, lorsqu'elle s'aperçut que tout l'horizon était couvert de navires.

Batteries de marine et de terre

Les batteries construites pour la marine allemande reposent sur de profondes fondations, ce qui leur donne la stabilité désirable en cas d'impact de bombes ou d'obus. Celles de l'armée de terre ne disposent pas d'un système semblable, si bien qu'il arrive que certaines soient renversées par un impact de proximité.

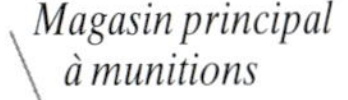

Entrée arrière

Magasin principal à munitions

LES CHEFS ALLIÉS

Le haut commandement allié, dont la plupart des membres ont commandé sur le théâtre méditerranéen, se rassemble en Angleterre au début de 1944 et examine à nouveau les plans élaborés par l'état-major du COSSAC. Le général Eisenhower, commandant suprême (SHAEF), établit à Londres son quartier général qui devient bientôt une énorme administration traitant de tous les aspects du problème, des relations avec la Résistance française à l'approvisionnement des troupes en cigarettes. Alors que les généraux dressent leurs plans de bataille, hommes et femmes, civils et militaires travaillent jour et nuit à la constitution des stocks de ravitaillement indispensables.

Présentation de l'état-major allié à la presse : de gauche à droite, le général Bradley, l'amiral Ramsay, le maréchal de l'air Tedder, le général Eisenhower, le général Montgomery, le maréchal de l'air Leigh-Mallory, le général Bedell-Smith.

MONTGOMERY
Le général Montgomery, vainqueur de la guerre du désert contre Rommel, est un personnage rugueux qui nourrit une absolue confiance en ses capacités. Désigné pour commander toutes les forces terrestres pendant la campagne de Normandie, il modifie les plans d'origine et s'assure de l'entier contrôle des opérations stratégiques. Bien que les Américains aient vivement critiqué ses excès de prudence, il est toujours convaincu qu'il a raison. Il se rend célèbre avec son béret de tankiste noir arborant deux insignes, celui de son grade de général et celui de l'arme blindée.

SOUTHWICK HOUSE
De son quartier général de Southwick House près de Portsmouth (ci-contre), l'amiral Ramsay coordonne tous les mouvements de l'opération Neptune.

L'ÉTAT-MAJOR ALLIÉ
Cette photographie donne l'impression d'une parfaite unité de vue entre les chefs mais, malheureusement, à mesure que la campagne de Normandie progressera, des divergences entre les commandants des forces terrestres et aériennes se feront jour.

EISENHOWER
Au début de la guerre, Eisenhower, général de brigade à peu près inconnu, est officier d'état-major à Washington. Agé de 54 ans, il compense son manque d'expérience militaire par une grande intelligence et un puissant charisme. « Ike » use de ses talents de fin diplomate pour former une équipe solide, des officiers dont les opinions et les tempéraments sont très dissemblables.

LES CHEFS DES FORCES TERRESTRES
Première rencontre sur le sol français de Montgomery et des généraux placés sous ses ordres, dans un champ près de Port-en-Bessin, le 10 juin. A gauche, le général Bradley, commandant la Ire armée américaine, portant sur son casque les trois étoiles d'un général de division. A droite, le général sir Miles Dempsey, commandant la IIe armée britannique. Monty – surnom du général Montgomery – porte sa tenue favorite : chandail gris à col roulé, pantalon de velours côtelé et le célèbre béret noir. Ces deux grandes unités forment le 21e groupe d'armées et demeureront sous les ordres de Montgomery jusqu'au 1er août.

Les usines d'armement
Production en série de chars d'assaut dans une usine anglaise. Toute la capacité industrielle du pays est consacrée à l'effort de guerre afin que les troupes en campagne soient pourvues à temps de tout l'armement nécessaire. On compte, pour assurer la parfaite mobilité des armées, un véhicule pour dix hommes mis à terre.

Les femmes participent à l'effort de guerre en travaillant dans les usines d'armement. On rassemble les engins de guerre, mais également les ambulances.

Le ravitaillement
Comme on sait qu'on ne pourra tirer aucun ravitaillement de la France occupée par l'ennemi et exsangue, les armées alliées doivent apporter tout ce dont elles auront besoin le Jour J, mais également durant la bataille de Normandie, ainsi que des réserves suffisantes pour renouveler les stocks et remplacer ce qui sera perdu ou endommagé. Des convois de navires traversent quotidiennement la Manche, apportant les approvisionnements vitaux, depuis les chars d'assaut jusqu'aux boutons de chemise, des boîtes de café, des cigarettes, du talc. Sur cette photographie, on peut voir des fûts d'essence et de lubrifiant entassés sur les quais, attendant d'être transportés en Normandie.

PRÉPARATIFS DU DÉBARQUEMENT

Le coûteux échec du raid sur Dieppe en 1942 convainc les stratèges de l'absolue nécessité d'une préparation minutieuse des débarquements en Normandie, aussi bien par l'utilisation d'un équipement spécial que par l'entraînement des troupes. Les divisions arrivant des États-Unis n'ont, pour la plupart, aucune expérience de la guerre et il faut les soumettre à des exercices aussi proches que possible de la réalité. Pour l'équipement, il faut concevoir deux ports artificiels, de même qu'il faut mettre au point des engins blindés spéciaux, qui sont regroupés au sein de la 79e division blindée.

A droite, un modèle conçu pour franchir les fossés anti-chars. L'engin sur châssis descend dans le fossé et déploie, avec des vérins hydrauliques, les éléments d'un pont pliant formant une passerelle suffisamment solide pour assurer le passage des engins les plus lourds.

Par peur que les chars ne s'enlisent, on conçoit le « Bobbin ».

Il porte un énorme rouleau de nattes que l'on déroule au fur et à mesure et sur lequel on peut rouler. En fait, le génie doit installer des pistes métalliques solides pour désengorger le trafic sur les plages.

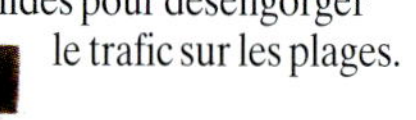

LE CRABE

Le char-fléau, ou « crabe », est un Sherman avec deux longs bras à l'avant portant un tambour horizontal. A ce tambour tournant sur lui-même à grande vitesse sont fixées des chaînes qui frappent le sol en faisant exploser les mines enfouies devant le char. Cet équipement épargnera bien des vies humaines sur les plages anglaises, mais les Américains ne jugeront pas bon de les utiliser.

La 79e division blindée (insigne ci-dessus) est dirigée par le général Percy Hobart.

LE CHAR DD

Comme il aurait été très risqué de faire aborder les grosses barges directement sur la plage avant que les obstacles soient éliminés, on demande à Hobart de concevoir un char amphibie. Le résultat est le Sherman « Duplex Drive » (double propulsion) ou « DD » qui peut naviguer grâce à deux hélices, puis rouler sur ses chenilles une fois sur la terre ferme. Ici un char DD avec sa « jupe » baissée, prêt à entrer en action.

LE « PONT À CISEAUX »

Le « pont à ciseaux » est conçu pour traverser de petits cours d'eau et est chargé, plié, sur le dessus d'un char. Il suffit de le déplier et de le placer en position pour qu'il fonctionne.

LA « POUBELLE VOLANTE »

Pour attaquer les bunkers de béton, les Britanniques mettent en place sur le châssis d'un char un gros mortier, qui peut tirer une charge explosive de 40 livres à travers les meurtrières ennemies.

L'engin le plus redouté des Allemands est le « crocodile » (ci-dessous), constitué d'un lance-flammes à longue portée, monté à côté du canon, sur la tourelle d'un char Churchill. Le napalm incendiaire se trouve dans une remorque tractée. Il peut aveugler une casemate en crachant un jet de flammes à l'intérieur.

LA « JUPE » DU DD

Char DD avec sa « jupe » relevée pour lui permettre de naviguer sur l'eau. Le char descend la rampe du bateau de débarquement et entre directement dans la mer, puis se dirige vers la plage mû par ses hélices. Ces engins fonctionnent parfaitement par temps calme, mais ils risquent de couler s'ils sont mis à l'eau trop au large. Le DD est le seul engin « Funny » utilisé par les Américains mais, le Jour J, ils les lancent de trop loin, et beaucoup sont submergés par les vagues. Sur les plages anglaises, en revanche, ils rendent les plus grands services, et les soldats allemands sont complètement surpris de voir des chars surgir de la mer et ouvrir aussitôt le feu.

La jetée extérieure des ports Mulberry est constituée de caissons de béton appelés « Phoenix » formant brise-lames. On voit ici l'un de ces éléments, portant un canon anti-aérien sur une plate-forme, prêt à être remorqué à travers la Manche. Une fois le caisson arrivé en position, on ouvre les vannes, l'eau s'engouffre à l'intérieur, et le mastodonte se pose sur le fond. Chacun mesure 20 m de haut, 70 m de long, et pèse plus de 6 000 tonnes. Les premiers éléments sont mis en place dans les heures qui suivent le Jour J.

Les chantiers navals américains lancent une classe particulière de cargos, appelés *Liberty ships*. Des usines spécialisées œuvrent jour et nuit, assemblant les éléments préfabriqués.

Pluto

Le ravitaillement en carburant est l'une des préoccupations essentielles, sachant qu'une division blindée en mouvement consomme 600 tonnes d'essence par jour. Pour résoudre ce problème, on met au point un système baptisé PLUTO (Pipeline sous l'océan). Une canalisation flexible est enroulée autour d'un énorme tambour flottant remorqué à travers la Manche de la côte anglaise jusqu'à Cherbourg, se déroulant à mesure de sa progression. L'installation de PLUTO commencera quelques jours après la prise de Cherbourg par les Américains, fin juin.

Entrainement des GI's

Pour que les soldats américains puissent disposer de terrains d'entraînement, des secteurs entiers de la campagne anglaise ont été purement et simplement réquisitionnés. Ici, des fantassins américains apprennent le combat à mains nues.

L'exercice Tigre

En avril 1944, une manœuvre devant Slapton Sands, baptisée Tigre, donne pour mission à la 4e division d'infanterie américaine de s'enfoncer dans l'intérieur jusqu'à ce qu'elle fasse sa jonction avec les 101e et 82e divisions aéroportées. Cette manœuvre engage la force navale américaine appelée à transporter le 7e corps US devant Utah Beach le Jour J. En tout, 25 000 hommes et 2 700 véhicules et engins doivent être embarqués, débarqués, puis récupérés après une manœuvre de trois jours. Par le plus grand des hasards, une flottille de vedettes rapides allemandes basées à Cherbourg, qui effectuent une reconnaissance, fait irruption au milieu du convoi. Elle parvient à couler deux LST et à en endommager sévèrement trois autres (ci-dessous) avant de prendre la fuite. Les Américains y perdent 700 hommes. Le résultat immédiat est une grande panique car on redoute que les Allemands n'aient pu s'emparer d'un officier au courant des plans de débarquement, mais cette crainte se révèle infondée. L'exercice Tigre se déroule dans un désordre total – le commandant du bataillon d'assaut du génie est relevé de ses fonctions –, les services médicaux sont incapables d'évacuer les victimes et les communications sont un fiasco complet.

Slapton sands

L'un des secteurs réquisitionnés est une belle baie du comté du Devon, appelée Slapton Sands (ci-dessus au milieu), choisie parce qu'elle ressemble aux plages de Normandie. Elle sera le théâtre de nombreux exercices des troupes américaines qui se familiarisent ainsi avec les manœuvres de débarquement à tirs réels. La force d'assaut américaine prévue sur Omaha Beach s'exerce sur les plages de la côte du Dorset, qui est toujours aujourd'hui une région contrôlée par l'armée. Les Canadiens, quant à eux, s'entraînent dans les collines au nord de Brighton, la région des Downs dans le Sussex, et, de larges zones de l'Ecosse sont réservées aux Commandos.

L'OPÉRATION NEPTUNE

La phase navale de l'opération Overlord, baptisée Neptune, est essentiellement l'œuvre des Anglais. Un puissant contingent de navires de guerre américains y participe, de même que des unités des Forces navales françaises libres et des marines hollandaise, polonaise, norvégienne et grecque. Au total, 6 900 navires engagés, allant des cuirassés aux petits engins de débarquement ou aux patrouilleurs rapides. Une escadre est affectée à la protection de chaque plage de débarquement et des convois de navires apportent des troupes d'assaut et leurs approvisionnements. Les pertes sont relativement légères et seuls deux torpilleurs sont coulés par l'ennemi.

Les portières de proue d'un LST permettent aux véhicules de débarquer ou d'embarquer, comme les car-ferries trans-Manche que nous connaissons.

LES ENGINS DE DÉBARQUEMENT

Il existe de nombreuses versions des petites barges de débarquement, selon les modèles anglais ou américains, à la fois pour conduire les troupes à terre et pour transporter des véhicules légers tels que des Jeeps.

En 1944, les premiers spécimens, construits en bois, sont remplacés par des engins en acier qui offrent une protection relative aux hommes embarqués contre les balles de fusil ou de mitraillette.

LE COMMANDEMENT

En 1944, un large éventail de modèles est mis au point en Angleterre et aux Etats-Unis, chacun conçu pour jouer un rôle particulier. Beaucoup sont commandés par des amateurs de navigation à voile ou des réservistes de la Navy ayant pratiqué la plaisance.

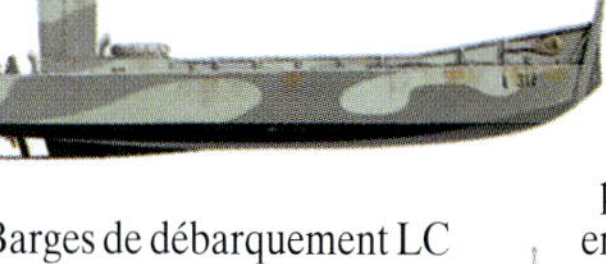

Barges de débarquement LC

Landing Craft Infantry Large

LE LST

Il existe plusieurs versions de Landing Ship Tank (engin de débarquement de blindés), de taille variée, qui peuvent emporter une douzaine de chars Sherman dans leur entrepont fermé. Malgré leur taille imposante, leur fond plat leur permet d'accoster au rivage et de décharger leur cargaison directement sur la plage. On les utilise aussi pour le transport d'énormes quantités de ravitaillement des troupes sur le théâtre de Normandie.

LE LCI (L)

Le Landing Craft Infantry (Large) (grande barge de débarquement de l'infanterie) peut transporter 188 hommes en armes ou un chargement de 75 tonnes. Il est doté de plusieurs canons anti-aériens et peut naviguer en haute mer. Les hommes débarquent par deux coupées de part et d'autre de la proue.

Landing Ship Dock

LE LSD

Le Landing Ship Dock dispose de portes à l'arrière permettant à l'eau d'entrer et il transporte trois LCT ou quatorze barques d'assaut. Quand les portes arrière s'ouvrent, les engins de débarquement à pleine charge peuvent gagner la mer et se diriger sur les plages.

Il est équipé d'une grue puissante permettant la manutention de lourdes charges et, grâce à leur grande autonomie en carburant, ces bateaux sont parfaitement capables d'effectuer de longs trajets en haute mer.

L'AMIRAL SIR BERTRAM RAMSAY

Ramsay est le commandant en chef des opérations navales alliées le Jour J. Officier au fait de ses responsabilités, il se rend célèbre en 1940 en organisant l'évacuation des forces britanniques et françaises de Dunkerque. Par la suite, il sera nommé à la tête des opérations navales en Méditerranée et, à ce titre, responsable des débarquements en Afrique du Nord et en Sicile, où il est l'adjoint du général Eisenhower. Neptune est un succès total, surtout quand on sait que cette opération a été mise au point à une époque où l'ordinateur était inconnu. Il connaîtra une fin tragique dans une catastrophe aérienne près de Paris au début de 1945.

Landing Craft Tanks

LES LCT

Ci-dessus et à droite, on peut voir des exemples de la barge la plus polyvalente, le Landing Craft Tank (barge de débarquement de blindés). Il peut emporter de quatre à six chars de 40 tonnes ou plusieurs camions et aborder directement sur la plage.

Destroyer américain de la classe Bulkey

Le DUKW

L'un des véhicules les plus polyvalents nés de la guerre est une invention américaine, le DUKW. C'est un engin de transport amphibie à six roues, propulsé dans l'eau par deux hélices. Il est particulièrement précieux pour décharger les gros bateaux qui doivent mouiller en eau profonde. Les DUKW seront largement utilisés à la pointe du Hoc, permettant aux hommes de se rapprocher des falaises à l'abri du feu ennemi.

Les torpilleurs

Les torpilleurs sont les navires de guerre les plus nombreux à participer aux opérations navales du Jour J et il leur est assigné un grand nombre de missions. Ils doivent former une ligne de protection contre les attaques des sous-marins ennemis et effectuer des bombardements à bout portant sur les défenses terrestres. Un torpilleur est un bateau rapide, très maniable, armé de tubes lance-torpilles et de deux ou trois canons de 4 pouces ainsi que d'une artillerie anti-aérienne. Il peut aussi lancer des grenades sur les sous-marins détectés.

Marin servant un canon quadritubes anti-aérien sur un navire de guerre anglais

Les bombardements préliminaires

Une escadre de navires de guerre anglais en ligne faisant feu par le travers. Les énormes obus de rupture des cuirassés causent de terribles dégâts aux ouvrages de défense allemands et, jusqu'à ce que les assaillants parviennent en limite de portée, les pièces leur fournissent un appui.

Homme de pont britannique responsable de la manœuvre à bord des navires

Tourelle à deux canons de 6 pouces, constituant l'armement secondaire du cuirassé américain Nevada dont le pont est jonché de douilles vides

LES FORCES AÉRIENNES

Le plus gros avantage dont disposent les Alliés en 1944 est la maîtrise de l'air. À ce stade de la guerre, la Luftwaffe a été chassée du ciel, et elle est incapable d'appuyer les troupes au sol. En conséquence, les chasseurs-bombardiers anglais et américains contraignent les Allemands à ne faire mouvement que de nuit. Décollant de terrains sommairement aménagés dans la campagne normande, les Typhoon et les Thunderbolt opèrent selon la méthode appelée « station de taxis ». Tournoyant en l'air, ils attendent qu'un officier sur le terrain, ayant localisé un objectif, les appelle par radio et ils foncent sur leur proie, la détruisant aussitôt à coups de bombes et de roquettes.

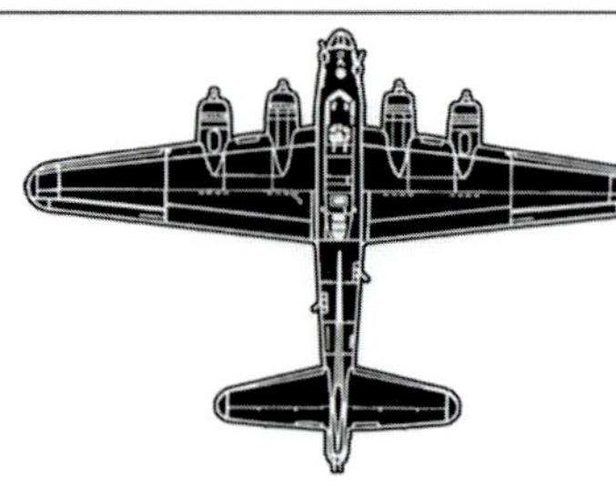

Les quadrimoteurs B. 17 « Forteresses volantes » forment l'essentiel de la flotte de bombardement américaine.

BOMBARDIERS LOURDS
L'utilisation des bombardiers lourds, pendant la campagne de Normandie, donne lieu à de nombreuses controverses, pour de multiples raisons. Après avoir réduit au silence les défenses allemandes, les bombes laissent de larges cratères qui gênent les mouvements des troupes alliées quand elles occupent le terrain.

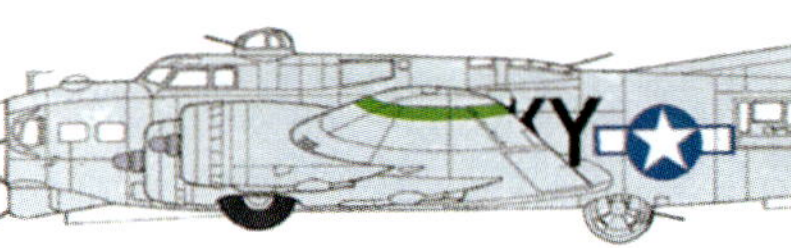

Se pose également le problème de leur manque de précision, car plusieurs centaines de soldats américains sont tués par leurs propres bombes, lâchées par mégarde sur leurs positions et non sur celles de l'ennemi.

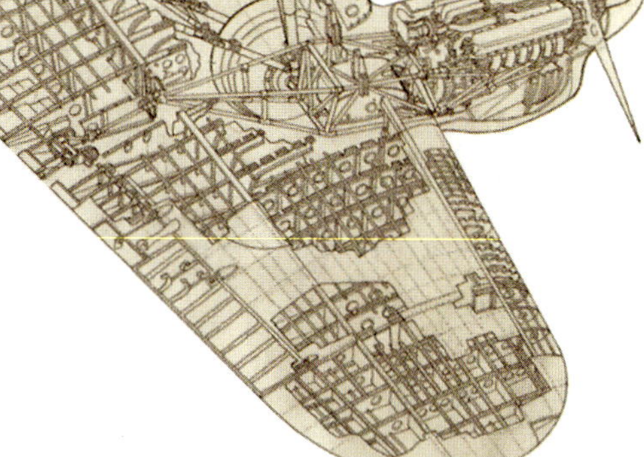

La cabine de pilotage d'un Lancaster, avec le siège du pilote à gauche et la batterie des leviers de commande des moteurs au centre. La trappe, à droite, permet d'accéder au poste du viseur-bombardier.

LE LANCASTER
Pour les bombardements stratégiques, les Anglais utilisent le Avro Lancaster, propulsé par quatre moteurs Rolls Royce Merlin. D'une envergure de 31 m, il peut dépasser les 450 km/h. Sa soute très vaste reçoit une douzaine de bombes de 450 kg. Cet appareil dispose de mitrailleuses doubles montées en tourelles dans le nez, dans la queue et au-dessus du fuselage. Avec six hommes d'équipage, il possède un rayon d'action lui permettant d'atteindre, lors des raids nocturnes de 1945, des objectifs situés au cœur de l'Allemagne. Surnommé le « Lanc », c'est l'un des avions les plus fameux de la guerre.

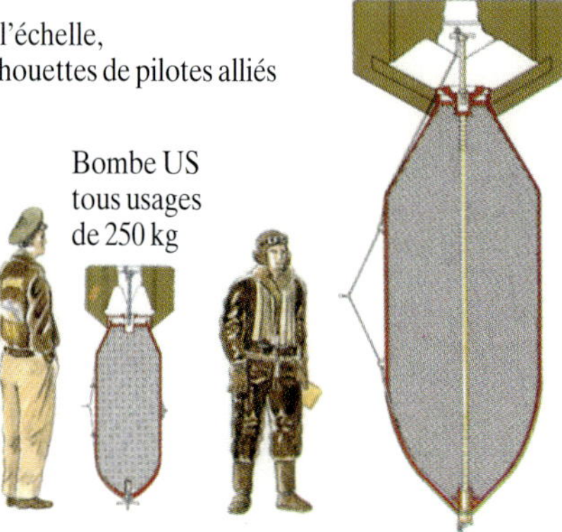

A l'échelle, silhouettes de pilotes alliés

Bombe à fragmentation US de 9 kg

Bombe US tous usages de 250 kg

Bombe US de 2 tonnes

Bombe US de pénétration de 500 kg

LE TYPHOON

Le Typhoon (ci-dessous) est un chasseur-bombardier très performant en service dans la Royal Air Force à l'époque du débarquement en Normandie. Comme le Thunderbolt, il peut emporter des roquettes accrochées sous les ailes, il est en outre doté de quatre canons de 20 mm très efficaces contre des cibles statiques. Pourtant, les débuts de son existence, en 1939, sont un désastre total. La conception d'un avion de combat aussi grand – plus de 12 m d'envergure – et aussi puissant que l'exige sa spécification, est très audacieuse pour l'époque.
Mais, à partir de 1942, le Typhoon devient efficace car il peut rattraper et abattre les chasseurs-bombardiers allemands les plus rapides qui effectuent des raids à basse altitude.

LE FOCKE-WULF 190

En 1944, le principal avion de chasse allemand est le Focke-Wulf 190, apparu pour la première fois dans le ciel en septembre 1941. La seule sortie effectuée par la Luftwaffe le 6 juin est celle du colonel Priller et de son équipier, qui mitraillent les plages.

Silhouette du Focke-Wulf 190

Tableau représentant les évolutions de trois Spitfire pilotés, dans le ciel de Normandie, par les aviateurs français de l'escadrille 329 de la RAF.
Le prototype de cet appareil fait ses vols d'essai en 1936 et les premiers exemplaires constituent l'essentiel de la défense aérienne pendant la bataille d'Angleterre. En 1944, le type Mark IX est

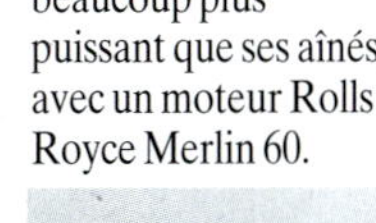

beaucoup plus puissant que ses aînés, avec un moteur Rolls Royce Merlin 60.

LE P. 47 THUNDERBOLT

Ce chasseur-bombardier américain est très largement utilisé contre des cibles au sol pendant la campagne de Normandie. Armé de huit roquettes ou d'une bombe de 1 000 livres, il se révèle terriblement efficace contre les blindés ennemis. Surnommé la « cruche » en raison de l'apparence renflée et trapue de son fuselage, il est néanmoins très fragile. Propulsé par un moteur en étoile de 2 300 chevaux, il peut atteindre les 690 km/h. Il contribue également, par des attaques massives et répétées, à immobiliser de nombreux blindés allemands, les empêchant au moment du débarquement de rejoindre la Normandie. Selon la coutume américaine, il porte un nom personnalisé choisi par le pilote.

Silhouette du P. 47 Thunderbolt

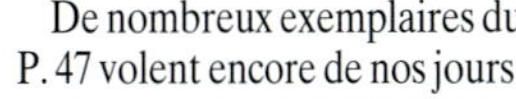

De nombreux exemplaires du P. 47 volent encore de nos jours.

Le C. 47 Dakota constitue le principal appareil de transport de troupes parachutistes lors du Jour J et il est également utilisé pour remorquer des planeurs. Par la suite, au cours de la campagne, il rendra d'immenses services, apportant en urgence les approvisionnements nécessaires. Le C. 47 vole encore de nos jours.

L’INFANTERIE

Le 6 juin 1944, le gros des forces est constitué de troupes américaines, anglaises et canadiennes auxquelles se joint une unité de Commandos de la France libre. Plus tard, elles seront appuyées par deux divisions blindées polonaise et française ainsi que par une brigade hollandaise. Les unités anglaises ont, pour la plupart, déjà livré bataille en Afrique du Nord et en Italie où elles ont acquis l’expérience du combat. Les Américains, par contre, en sont dépourvus, mais ils apprennent très vite à se battre. La campagne de Normandie est surtout une bataille d’infanterie car les chars peuvent difficilement manœuvrer dans le bocage.

LA JEEP
La Jeep Willys, à quatre roues motrices, révolutionne l’art de la guerre en fournissant un moyen de transport simple qui donne à l’infanterie une grande mobilité. Le modèle qui figure ici est armé d’une mitrailleuse de calibre 30. D’une solidité à toute épreuve, les Jeeps peuvent être chargées dans un planeur.

Baïonnette

Fusil anglais Lee Enfield, calibre 303

Fusil américain M1 Garand

Pistolet-mitrailleur Thompson, calibre 45

Armes réglementaires de l’infanterie alliée

Fusil-mitrailleur léger Bren

LES GRENADES
Ce sont des grenades à main anglaise et américaine. Outre les grenades explosives, il existe des modèles incendiaires au phosphore ou fumigènes. Celle figurant en haut est une grenade anglaise Mills et celle du bas est l’Américaine MK2, baptisée « pamplemousse ».

UNIFORMES DES ALLIÉS
A gauche, un GI américain en tenue de combat. Il porte le casque d’acier réglementaire, une veste de treillis vert olive et un pantalon pris dans des guêtres de toile. A droite, un « Tommy » britannique avec son blouson de combat (battle-dress) et son casque d’acier plat couvert d’un filet de camouflage. Excepté les emblèmes des unités, il n’y a pas de différence entre soldats anglais et canadiens. Souvent, au lieu du casque, les Anglais portent un béret. La seule exception à cette uniformité est la tenue spéciale des régiments écossais qui sont vêtus d’un kilt, pour les « Highlanders » et d’un pantalon à carreaux pour les « Lowlanders ».

Colt automatique américain, calibre 45

Revolver anglais Webley, calibre 38

Le mortier est l’arme la plus lourde en service dans l’infanterie et le tir s’effectue en laissant tomber un obus à ailettes dans le tube.

Uniforme de l'infanterie allemande
L'infanterie allemande en Normandie porte trois uniformes différents : l'uniforme normal « feldgrau », la tenue de parachutiste et celle de la Waffen SS. Cette dernière est dotée d'une veste et d'un pantalon bariolés et d'une coiffure souple à visière plutôt que du casque standard. Les équipages des chars arborent un béret noir. Au combat, le soldat allemand est chargé d'un sac à dos, d'une gourde, de cartouchières, d'un masque à gaz et de son arme individuelle.

Les soldats allemands sont très souvent armés de mitraillettes. Celle représentée ci-dessus est le dernier modèle, le MP 44, utilisé sur le front de Normandie. Alimentée par chargeur de 30 cartouches de 9 mm, sa crosse amovible permet de tirer comme avec un pistolet, soit au coup par coup, soit en rafales. A cette époque, ces armes ne sont pas très précises, sauf à très courte distance, mais elles sont d'excellentes armes automatiques légères d'infanterie. Leur homologue anglais, la mitraillette Sten, est de construction sommaire et fort peu coûteuse mais les incidents de tir sont nombreux. Elle est largement distribuée aux hommes de la Résistance française.

MP 44 allemand

Fusil réglementaire, le Mauser K 98

Armes individuelles allemandes

Pistolet-mitrailleur Schmeisser PM 40

En raison de la pénurie chronique de carburant et de moyens de transport motorisés, les mouvements des troupes allemandes s'effectuent principalement à pied ou à bicyclette, ce qui réduit notablement leur mobilité. Cependant, l'infanterie des divisions de Panzer est transportée sur des véhicules semi-chenillés capables de se déplacer sur tout terrain. Un autre moyen de transport très utilisé dans l'armée allemande est la motocyclette avec side-car dont les Alliés ne se servent pas.

Le « Kubelwagen »
Cet engin est la version militaire de la « Coccinelle » Volkswagen conçue avant la guerre. L'armée allemande en reçoit relativement peu d'exemplaires, par rapport aux innombrables Jeeps des Alliés.

Le « Kubelwagen »

Il existe aussi une version amphibie du Kubelwagen, dotée d'une hélice à l'arrière.

En service dans l'armée anglaise, le Bren a été conçu avant la guerre, par les usines d'armement tchèques.

Les pistolets
Le pistolet est généralement l'arme des officiers. Celui représenté ici est le Walther PM 38 allemand, calibre 9 mm, doté d'un chargeur de douze coups logé dans la crosse. Cette arme automatique n'a qu'une très faible portée pratique. Les pistolets allemands constituèrent des « souvenirs » très appréciés des soldats alliés, car ils étaient robustes et bien conçus.

Les grenades à main allemandes
Les grenades à main dont est dotée l'armée allemande sont généralement munies d'un manche de bois facilitant le lancement. En raison de leur forme particulière, les Alliés les ont surnommées « pilon à purée ».
Une grenade est une arme de jet constituée d'un « récipient » de métal bourré d'explosif qui détone soit au contact, soit grâce à une fusée à retardement. Dans ce dernier modèle, quand la grenade est dégoupillée lors du lancement, un mécanisme se déclenche qui provoque l'explosion au bout de quelques secondes. A ce moment, la « tête » se fragmente en éclats qui volent en tous sens et peuvent causer de graves blessures.

Le MG 34
L'une des meilleures mitrailleuses fabriquées pendant la guerre est le modèle MG 34 allemand que l'on voit ici monté sur un trépied et muni d'une lunette de visée. Alimenté par des cartouches en bandes, il ne s'enraye presque jamais et possède une cadence de tir élevée. Repliable sous le canon, un bipied permet à un soldat couché au sol de tirer en épaulant.

Mortier allemand de 81 mm

Grenades à main allemandes

LES BLINDÉS, CAVALERIE DES TEMPS MODERNES

En 1944, l'arme blindée n'a plus grand-chose de commun avec la cavalerie des débuts de la guerre, tant en ce qui concerne la puissance de feu que l'épaisseur du blindage des engins. En Normandie, les chars des Alliés ne valent pas ceux des Allemands mais ils sont considérablement plus nombreux. Une division blindée normale, dans le camp allié, compte 14 000 hommes et est constituée d'une brigade de chars d'assaut, de deux brigades d'infanterie motorisée et d'escadrons d'artillerie, d'unités de reconnaissance et d'artillerie anti-aérienne, sans parler de plusieurs formations de soutien. Les Américains regroupent leurs chars et l'infanterie motorisée en trois « groupes de combat » par division.

SPEARHEAD

LE SHERMAN M 10
Le M 10 est formé d'un châssis de Sherman sur lequel est montée une tourelle découverte pourvue d'un canon de 3 pouces anti-char. Les Anglais ont mis au point un modèle supérieur, le « Firefly » (luciole) équipé d'un canon de 17 livres.

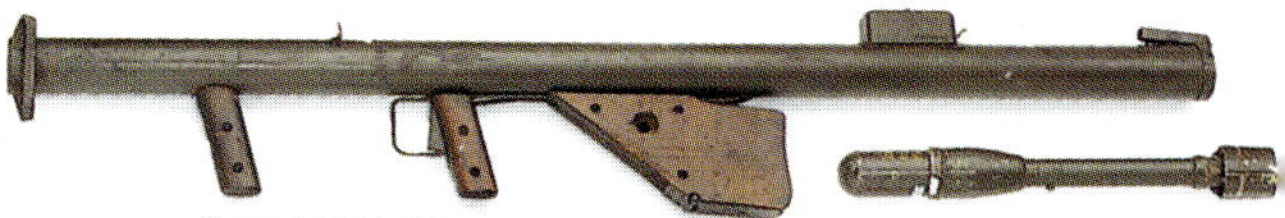

LE BAZOOKA
L'arme anti-char standard de l'infanterie américaine, durant la campagne de Normandie, est un lance-roquette tirant un projectile capable de transpercer un blindage. Il se tire à l'épaule après chargement par l'arrière. Arme peu sophistiquée, on pointe le tube directement sur l'objectif.

Le char destroyer M 10 (chasseur de chars)

A gauche, l'emblème de la 1re division blindée polonaise et, à droite, celui des chasseurs de chars américains

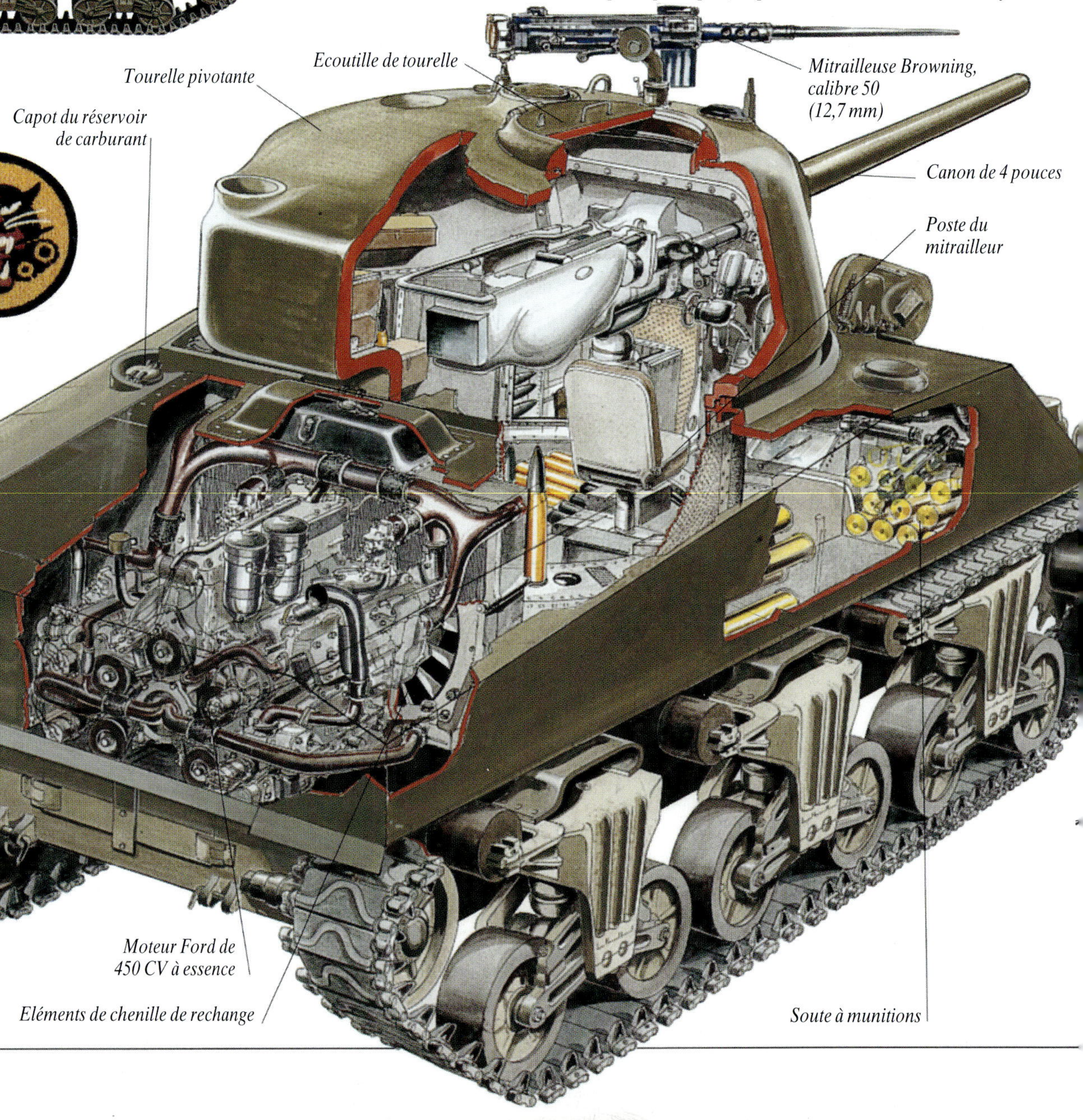

Tourelle pivotante
Ecoutille de tourelle
Mitrailleuse Browning, calibre 50 (12,7 mm)
Capot du réservoir de carburant
Canon de 4 pouces
Poste du mitrailleur
Moteur Ford de 450 CV à essence
Eléments de chenille de rechange
Soute à munitions

L'épaisseur du blindage est de 76 mm sur l'avant, de 51 mm sur les côtés et le char pèse 32 tonnes.

LE PANZERSCHRECK
Cette arme anti-char jetable, la « terreur des Panzer », est utilisée par l'infanterie allemande pour des tirs à courte portée. Elle peut lancer un projectile à charge creuse jusqu'à 120 m. Arme rudimentaire, bon marché, terriblement efficace, le Panzerschreck coûta la vie à de nombreux équipages de chars alliés. Un soldat allemand, bien camouflé dans une haie, armé d'un Panzerschreck, peut détruire d'un seul coup un Sherman. Un char peut être immobilisé par un obus tiré dans ses chenilles.

LE CHAR TIGRE MARK I
Dotés d'un canon de 88 mm, les chars Tigre (ci-dessous) sont organisés en escadrons autonomes. Ils peuvent être rattachés à une division en cas de besoin.

LE CANON ANTI-CHAR AUTOMOTEUR « HUMMEL »
Aussi appelé « bourdon », c'est un modèle doté d'un canon de 88 mm tirant des obus perforants. Ne disposant pas d'une tourelle tournante, le canon n'a qu'un champ de tir limité et, pour changer de cible, tout l'engin doit se déplacer.

Le chasseur de chars « Hummel » (daim)

Char allemand Tigre Mark 1

LE CANON ALLEMAND DE 88 MM
La meilleure arme anti-char de la Seconde Guerre mondiale a été conçue, à l'origine, comme un canon anti-aérien. Sa portée pratique est de 10 000 m et il dispose d'une cadence de tir de 20 coups à la minute. L'obus de 88 mm transperce facilement le blindage de n'importe quel char allié de l'époque.

Char allemand Panther Mark V

LE SHERMAN M4 A4
Ce modèle (à gauche) est le char d'assaut type de l'armée américaine, produit à la chaîne à des milliers d'exemplaires et en service dans toutes les unités blindées alliées. Il est peu coûteux, bien conçu mais vulnérable aux canons lourds des chars allemands dont les obus pénètrent aisément son blindage. Son défaut majeur est qu'il prend facilement feu et se transforme alors en piège mortel pour son équipage qui a beaucoup de mal à s'en extraire.

Char allemand Tigre Mark II

LE MARK V PANTHER
Le modèle ci-dessus est sans doute le meilleur char d'assaut de toutes les armées en conflit, avec sa silhouette basse et sa grande vitesse d'évolution. En 1944, il prend la relève des anciens Mark IV.

LE TIGRE MARK II
Le Tigre est le char d'assaut le plus puissant mis au point pendant la guerre et le modèle Mark II (à gauche) fut dessiné par Ferdinand Porsche, qui devint plus tard célèbre en construisant des voitures de sport. Son blindage avant est de 100 mm et de 80 mm sur les côtés. Cependant, son poids total en charge de près de 60 tonnes nuit à sa maniabilité. Le Tigre est propulsé par un moteur Maybach de 700 CV, conçu à l'origine pour équiper les dirigeables, et il est doté d'un canon de 88 mm. Commandé par un chef de char aguerri, un Tigre peut venir à bout d'une section de Sherman insuffisamment blindés.

REPORT ET LANCEMENT

À l'origine, le Jour J est fixé au 5 juin. Le général Eisenhower a transporté son quartier général à Portsmouth afin d'être plus près de l'amiral Ramsay. Il a seul pouvoir de donner l'ordre d'assaut et celui-ci dépend des conditions météorologiques. Le 1er juin, une tempête se déchaîne dans la Manche et, au matin du 4 juin, le commandant suprême est contraint de retarder l'opération de 24 heures, bien que certains convois aient déjà pris la mer.

BONNE CHANCE
Ike se rend, dans la soirée du 5 juin, sur un terrain d'aviation pour souhaiter « bonne chance » aux hommes de la 101e division aéroportée alors que ceux-ci prennent place dans les avions de transport. Ci-dessus, la tension des GI's, au port de Weymouth, attendant l'ordre de partir. Dans la nuit du 5 au 6 juin, tous les navires se retrouvent en un point précis, baptisé « Piccadilly Circus » (ci-dessous), avant de faire route vers les plages normandes.

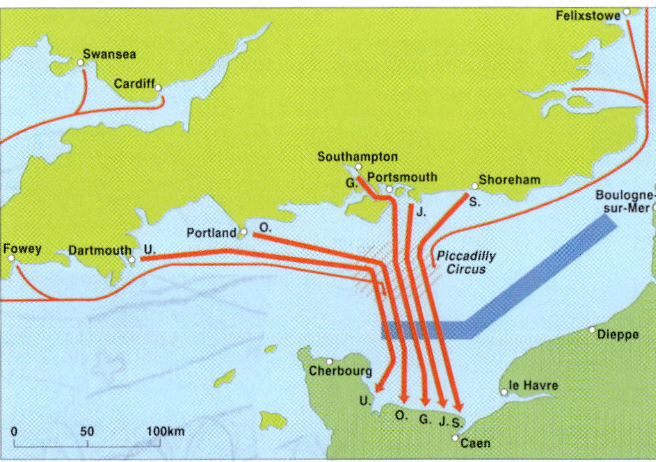

DES BATEAUX PAR MILLIERS
D'innombrables rangées de LCT et de LCI sont accostés aux quais de Southampton, attendant les hommes et les véhicules qu'ils vont transporter en France, cependant que les gros bateaux sont mouillés dans le chenal, à gauche.

LA MÉTÉO
Aux premières heures du 4 juin, les prévisions météorologiques annoncent une légère amélioration du temps pour le lendemain. Devant prendre la décision la plus difficile de sa carrière, Eisenhower donne l'ordre d'assaut pour le 6 juin. Les hommes qui doivent débarquer sont consignés sous bonne garde dans leurs cantonnements près des ports d'embarquement et il leur est interdit d'écrire des lettres ou de passer des appels téléphoniques.

Soldats américains munis de leur équipement de combat montant à bord d'un LST par la porte d'étrave, dans un des ports de la côte sud de l'Angleterre

Les barges
Sur les plages, où les familles anglaises viennent en général passer leurs vacances, le sable est jonché de bandes de béton, pour permettre aux véhicules lourds de monter à bord des barges de débarquement. Ces dernières se mettent à flotter à la marée montante et peuvent prendre le large vers les côtes normandes.

À bord
Lorsque l'ordre de retarder l'opération est donné, des milliers d'hommes se trouvent déjà à bord de leurs engins de débarquement et ils doivent passer une nuit de plus à l'ancre dans des conditions très inconfortables en souffrant fortement du mal de mer. On doit distribuer des sacs vomitoires à profusion. Comme dans un ballet très complexe, les bateaux sont chargés et font mouvement pour prendre leur place dans l'un des cinq convois qui se forment au large de la côte sud de l'Angleterre. Pour de nombreuses recrues, c'est le début de la plus grande aventure de leur vie. Sur cette photographie, on peut voir, à gauche, des GI's entassés dans un petit LCA, venant se ranger le long d'un paquebot transformé, dans le port de Weymouth, pour être emmenés vers leur destin, sur la plage d'Omaha Beach. Une fois les hommes à bord, les engins sont hissés sur les bossoirs du navire. A l'arrivée, à quelques kilomètres au large de la plage, les engins seront remis à l'eau et les hommes embarqueront, tout équipés, descendant par des filets déployés le long de la coque. Tout l'entraînement reçu va être mis à l'épreuve.

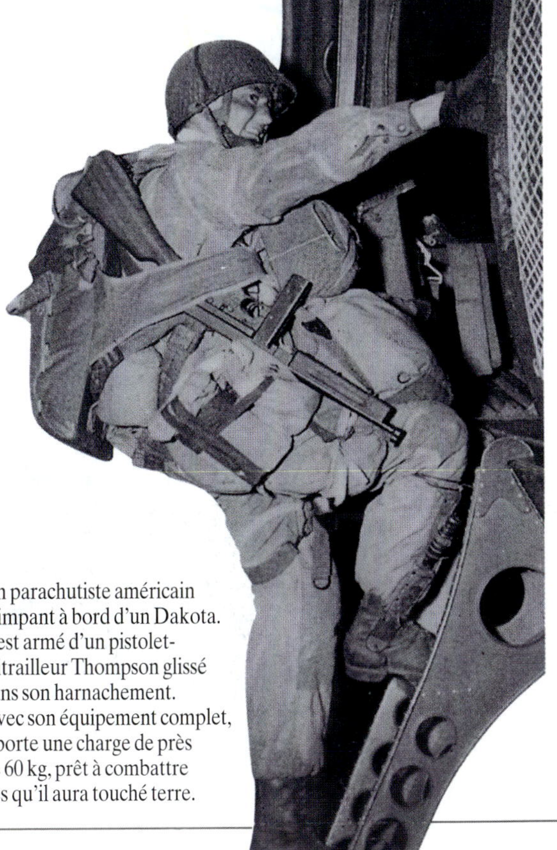

Un parachutiste américain grimpant à bord d'un Dakota. Il est armé d'un pistolet-mitrailleur Thompson glissé dans son harnachement. Avec son équipement complet, il porte une charge de près de 60 kg, prêt à combattre dès qu'il aura touché terre.

Le départ des paras
Les troupes aéroportées décollent de divers aérodromes situés au nord de Londres tard dans la soirée du 5 juin. En survolant la Manche, elles pourraient apercevoir les convois s'acheminant en direction des côtes normandes, escortés par les navires de guerre, en empruntant les chenaux dégagés entre les champs de mines allemands. Au fond de la mer, à quelques kilomètres au large des plages de débarquement anglaises, deux sous-marins miniatures se préparent à faire surface pour guider la navigation de la flotte. Sur le sol normand, la nuit est paisible. Le maréchal Rommel se trouve en Allemagne, l'officier commandant la seule division de Panzer stationnée dans ces parages s'est rendu à Paris, et de nombreux officiers sont réunis à Rennes pour assister à un exercice tactique. Ils n'ont aucune idée des événements qui sont sur le point de se produire. La BBC diffuse de nombreux messages pour prévenir la Résistance.

LES PARACHUTAGES

L'objectif des parachutages est de s'emparer d'un vaste secteur à chaque extrémité des plages et d'empêcher les renforts allemands de contre-attaquer. Le problème est que les troupes ne peuvent emporter avec elles des armements lourds. Pour résoudre cette difficulté, les Alliés disposent d'une importante flotte de planeurs qui doivent atterrir et apporter des Jeeps, des mortiers et des pièces d'artillerie légère de campagne. Diverses opérations sont préparées pour neutraliser des objectifs spécifiques, et on a même prévu de larguer des mannequins pour faire croire que les parachutages sont beaucoup plus importants.

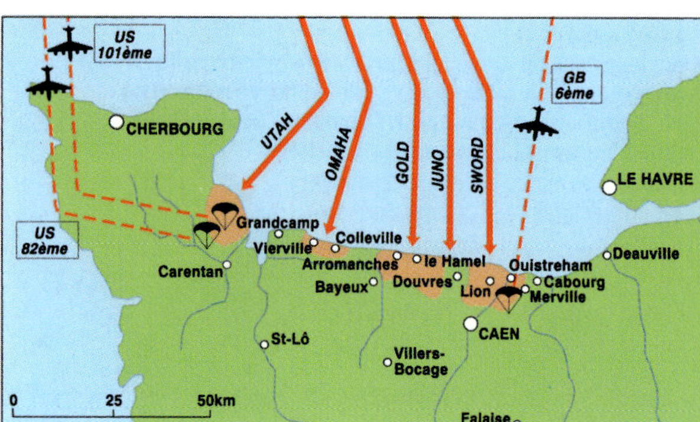

LE PARCOURS DES AVIONS
Carte montrant les parachutages et les zones de largage des Anglais et des Américains. Les deux divisions américaines qui ont survolé le Cotentin sont larguées en désordre en raison d'un fort barrage d'artillerie anti-aérienne et de l'inexpérience des pilotes. Cette dispersion a au moins l'avantage de semer la confusion parmi les Allemands qui ne peuvent déterminer où se porte l'attaque principale.

Canon allemand anti-aérien quadritubes de 20 mm. Ces armes causent de gros dégâts aux planeurs que leur faible vitesse et leur carlingue de bois rendent très vulnérables.

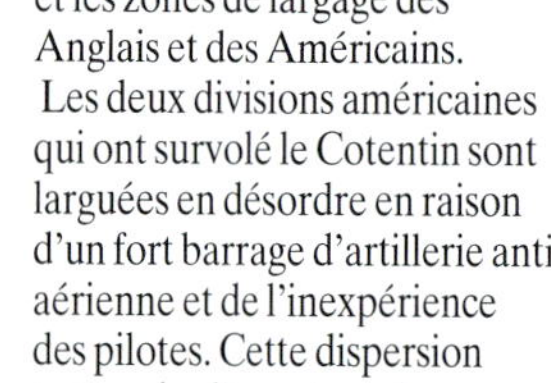

Le planeur anglais Horsa fait de contreplaqué est conçu pour être remorqué par un bombardier désarmé. La partie arrière se détache pour faciliter le chargement. Il peut emporter 22 hommes ou encore 2 Jeeps ou 2 canons anti-chars de 6 livres.

L'EMBARQUEMENT
Parachutistes anglais embarquant dans la nuit du 5 au 6 juin. Ils doivent être largués peu après minuit, et leur mission est d'occuper le terrain situé entre l'Orne et la Dive, puis de faire sauter les ponts sur cette dernière. L'opération est un succès total et, vers midi, ils reçoivent en renfort les commandos de lord Lovat – accompagné de son joueur de cornemuse – qui ont débarqué sur Sword Beach. Bien que durement attaqués par des éléments de la 21e division de Panzer, ils réussissent à tenir fermement leur position autour du village de Ranville.

Les Allemands ont planté des pieux de bois, les « asperges de Rommel », dans les prés sur lesquels des planeurs pourraient se poser.

LA FLOTTE
Vue aérienne d'un des convois de navires en route vers la Normandie. Cinq corps expéditionnaires, un par plage, prennent le large à partir de différents ports anglais. Tous vont se retrouver en un point précis au sud de l'île de Wight, surnommé Piccadilly Circus, d'après la place célèbre de Londres. De là, ils se dirigent dans des passages à travers les champs de mines ennemis, assistés des sous-marins britanniques.

PARACHUTISTE AMÉRICAIN
Parachutiste américain en tenue de combat qui sauta sur Sainte-Mère-Eglise. Son parachute principal, dans le dos, s'ouvre automatiquement par la traction d'un câble accroché à un rail métallique à l'intérieur de la carlingue de l'avion. En cas de non-fonctionnement de ce dorsal, l'homme dispose d'un parachute de secours fixé sur la poitrine.

Pegasus bridge
Pour éviter que les parachutistes anglais ne se retrouvent coupés des plages sur lesquelles s'effectuent les débarquements par l'Orne et le canal de Caen à la mer, il est vital de s'emparer des deux ponts de Bénouville avant que les Allemands ne les détruisent. Aux toutes premières heures du Jour J, six planeurs de la 6e division aéroportée, aux ordres du major Howard, se posent dans les champs entre ces deux ponts, et les paras au visage noirci au charbon de bois prennent par surprise les gardes endormis.

Epaves de planeurs avec, en arrière-plan, le pont sur le canal. On a baptisé celui-ci « pont Pegasus » en souvenir de l'insigne d'épaule des parachutistes.

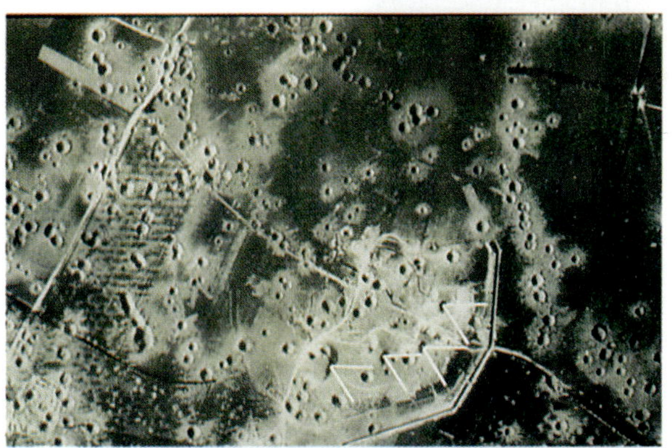

La batterie de Merville
Les Allemands ont installé à Merville une batterie d'artillerie lourde pouvant atteindre les plages où les Anglais vont débarquer. Il est donc impératif de la neutraliser avant l'aube et elle est lourdement bombardée, ainsi que le montrent les entonnoirs qu'on aperçoit sur cette photographie.

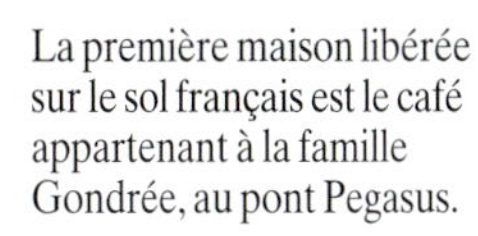

Les Gondrée accueillirent avec chaleur le major Howard et ses hommes.

La première maison libérée sur le sol français est le café appartenant à la famille Gondrée, au pont Pegasus.

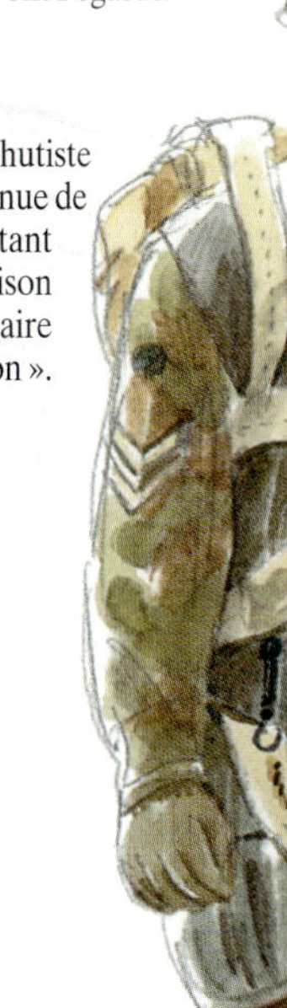

Casque

Harnais

« Kit-bag »

Parachutiste anglais en tenue de combat portant la combinaison réglementaire « Dennison ».

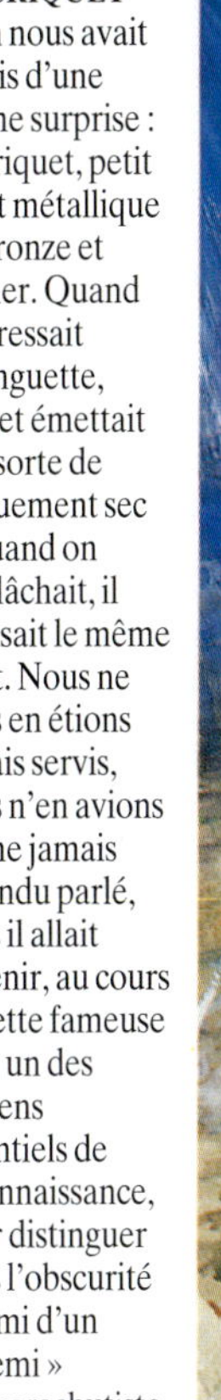

Le criquet
« On nous avait munis d'une ultime surprise : un criquet, petit objet métallique de bronze et d'acier. Quand on pressait la languette, l'objet émettait une sorte de claquement sec et quand on le relâchait, il refaisait le même bruit. Nous ne nous en étions jamais servis, nous n'en avions même jamais entendu parlé, mais il allait devenir, au cours de cette fameuse nuit, un des moyens essentiels de reconnaissance, pour distinguer dans l'obscurité un ami d'un ennemi » (un parachutiste américain).

Tableau représentant le largage des parachutistes américains sur Sainte-Mère-Eglise où a éclaté un incendie. Le ciel nocturne est illuminé par la déflagration des obus anti-aériens, les chapelets de balles traçantes et les faisceaux des projecteurs de repérage. Le drapeau américain est hissé sur un toit du village à 4 heures du matin.

UTAH BEACH

Utah Beach est relativement plate et surmontée de dunes à l'arrière desquelles les Allemands ont inondé les prairies basses, ne laissant que quatre digues pour toute voie d'accès. Aux premières heures du jour, l'artillerie navale ouvre le feu. L'attaque est foudroyante, et à 6 h 30, lorsque débarquent les premiers soldats, les Allemands n'opposent plus qu'une résistance sporadique. À la mi-journée, les GI's peuvent emprunter les digues pour opérer la jonction avec les hommes de la 101e division aéroportée.

« OPÉRATION RÉUSSIE »
A bord du croiseur *USS Augusta*, le général Bradley, commandant des troupes d'assaut américaines, observe le déroulement des opérations aux côtés de l'amiral Kirk, commandant des forces navales. A 9 h 15, ils reçoivent un message : le débarquement a réussi. La nouvelle est transmise au général Eisenhower.

LA 4^{E} DIVISION D'INFANTERIE
La division fait partie du 7e corps US commandé par le général Lawton Collins, dit « Lightning Joe ». Elle est constituée de quatre régiments d'infanterie et d'un bataillon de chars comprenant deux escadrons de DD Sherman. La plupart des hommes vivent là leur premier combat. Parmi eux, des juifs et des Polonais qui estiment avoir un compte personnel à régler avec les forces nazies.

LE MUR DE BÉTON
Entre la plage et les dunes, les Allemands ont érigé un petit mur de béton, qui permet aux blessés de s'abriter pour recevoir les soins des infirmiers. Profitant de la faiblesse de la réaction allemande, les ingénieurs ouvrent rapidement des brèches dans cette paroi, pour permettre le passage des tanks en faisant exploser les obstacles à la dynamite. Pourtant, cette mesure ne suffit pas à désengorger la plage, où débarquent des véhicules de plus en plus nombreux, bloquant les trop rares issues à travers les terrains inondés. Les victimes sont relativement peu nombreuses : on compte environ 200 tués.

AU LEVER DU JOUR
A 6 heures débute l'assaut de la plage. Sur la mer démontée, beaucoup de soldats souffrent du mal de mer. Petit à petit apparaissent les contours du rivage, noyés dans la fumée des explosions. Les soldats débarqués à marée basse doivent encore franchir 500 m pour gagner la plage. Par chance, une erreur de navigation les a fait débarquer à quelque distance du point d'appui principal de la résistance allemande, qui n'oppose que des tirs sporadiques. Malgré la violence de la houle, 28 chars DD, largués à 3 km du rivage, gagnent la plage et, se débarrassant de leur « jupe » de caoutchouc, surprennent les Allemands en ouvrant le feu.

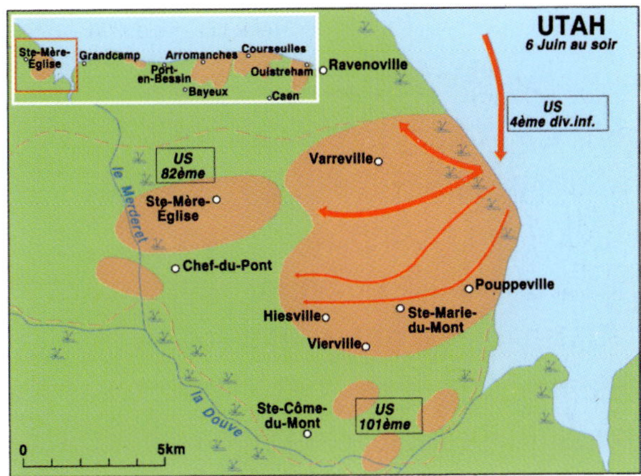

THEODORE ROOSEVELT
Ce général de brigade, âgé de 57 ans, fils du président Roosevelt, dirige avec calme et fermeté le trafic sur Utah Beach. Seul officier à débarquer avec la première vague, il a insisté pour obtenir cette mission en déclarant au commandant de la 4e division : « Ça rassurera les gamins de me savoir avec eux. » A peine sur la plage, il comprend que leur meilleur atout réside dans la rapidité de la manœuvre.

L'ASSAUT DES BUNKERS
La pointe du Hoc forme un éperon saillant, limité par des falaises abruptes de 30 m de haut. A son sommet, les Alliés ont repéré une batterie d'artillerie lourde que les Allemands ont enterrée dans des bunkers et qui menace directement les deux plages d'Utah et Omaha. Il est donc indispensable de la neutraliser au plus vite, en prenant d'assaut la paroi escarpée. Le site est d'abord la cible d'obus de 16 tirés d'un vaisseau, puis, à 4 h 30, un petit groupe d'hommes débarque au pied de la falaise. Pendant l'ascension, ils sont pris sous le feu des Allemands qui leur lancent des grenades, coupent leurs échelles de corde et détruisent les grappins. Cependant, un par un, ils atteignent le sommet et progressent vers leur objectif en se ruant d'un cratère d'obus à l'autre : ils découvrent alors que les bunkers sont vides… Quelques heures plus tard, ils trouvent les canons dissimulés dans un champ, à 2 km de la côte. A cause du retard pris pour agrandir la tête de pont d'Omaha Beach, les Rangers devront tenir la position pendant deux longs jours avant d'être relevés.

LES HOMMES DE RUDDER
La tâche a été confiée au 2e bataillon de Rangers, commandé par le colonel Rudder, surnommé « Old Glory » (vieille gloire). Les Rangers sont l'équivalent américain des Commandos britanniques.

L'ASCENSION
A droite, un groupe de Rangers à l'exercice, en train d'utiliser leurs lance-échelles pour gravir une falaise. D'autres grimpent à la corde, ou encore escaladent à la force de leurs bras et de leurs jambes. Durant leur ascension, un torpilleur situé près du rivage bombarde le sommet de la pointe, imposant de lourdes pertes aux soldats allemands. Le bataillon a également emprunté aux pompiers londoniens deux grandes échelles montées sur DUKWS.

GOLIATH
C'est à Utah Beach que les Allemands lâchent leur « arme secrète », un tank miniature téléguidé, bourré d'explosifs, baptisé Goliath. D'abord surpris, les Américains prennent le parti d'en rire en découvrant que les dispositifs de mise à feu ne fonctionnent pas…

JOUR J + 2
Cette célèbre photo, la seule qui ait été prise à la pointe du Hoc, à Jour J + 2, montre le drapeau des Rangers, plaqué au sol, pour avertir les bombardiers alliés que la place est prise, tandis que les hommes déterrent les obus allemands. On aperçoit des blocs de béton, uniques vestiges des blockhaus après le bombardement.

OMAHA BEACH

Si le débarquement d'Utah Beach est un succès relatif, celui d'Omaha Beach confine au désastre. La plage est surmontée d'une ligne de collines basses fortifiée par les Allemands. Les seules voies d'accès vers l'intérieur des terres sont constituées par d'étroites ravines truffées de mines. Le débarquement est précédé d'un raid aérien, mais la plupart des bombes atterrissent dans les champs, à l'arrière.

Lorsque les GI's mettent pied à terre, l'ennemi les attend, lançant un déluge de feu sur leurs frêles embarcations. Incapables d'ouvrir une voie vers l'intérieur, les hommes du génie sont submergés par les vagues de soldats qui ne cessent de débarquer sur les plages déjà encombrées par les obstacles.

LA « BIG RED ONE »...
Le débarquement à Omaha Beach est confié au 5e corps d'armée US du général Gerow. La première division d'infanterie, connue sous le nom de « Big Red One » en raison de son insigne, a déjà servi durant les campagnes de Tunisie et de Sicile. A Omaha, composée d'hommes expérimentés, elle prend l'initiative des opérations.

... ET LES AUTRES
Les pertes sont moindres que dans le 16e régiment, le plus durement touché. Les troupes comprennent également le 29e régiment, dont l'insigne rappelle le symbole chinois du yin et du yang. Le 116e régiment d'infanterie doit affronter un point d'appui allemand à Vierville.

L'ENFER
Mal protégés, pris sous un feu intense, les hommes du génie se font massacrer en essayant de faire sauter les obstacles et les mines. Le mur défensif se révèle quasiment imprenable, et, en l'absence de brèches, les vagues successives de soldats encombrent le rivage obstrué par les véhicules. Sur 29 chars DD, 2 seulement parviennent à bon port pour seconder les soldats. Au moment de passer à l'action, ceux-ci sont trempés (ils ont dû écoper à l'aide de leurs casques !) et affaiblis par le mal de mer. Les survivants parviennent à s'abriter derrière le mur de béton, et ne réussissent qu'après plusieurs heures à se frayer un chemin pour quitter la plage, véritable traquenard.

ROBERT CAPA
Envoyé spécial du magazine *Life*, le photographe américain Robert Capa embarque sur le vaisseau-amiral *USS Chase*, puis il se rend sur la plage avec l'infanterie. Il prend une série de photos remarquables sous le feu de l'ennemi. Bien que souvent floues, elles témoignent de façon saisissante du sort des GI's sur Omaha Beach.

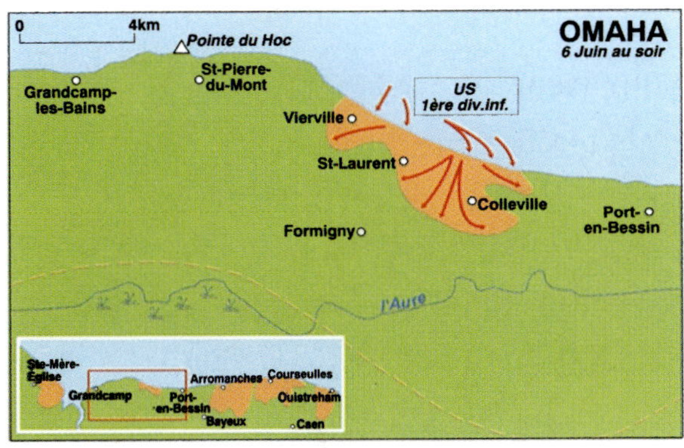

LES CODES
Les cinq plages du débarquement sont divisées en secteurs désignés par les lettres de l'alphabet phonétique, eux-mêmes subdivisés en trois couleurs : « green, red, white » (vert, rouge, blanc).

EN ROUTE POUR LA VICTOIRE
Parmi les témoins illustres du débarquement d'Omaha Beach figurent le cinéaste Samuel Fuller, qui réalisera en 1980 un film sur la *Big Red One* à la gloire de la division à laquelle il appartenait, et l'écrivain Ernest Hemingway, alors correspondant de guerre, qui écrira plus tard : « La guerre réelle n'est jamais pareille à la guerre sur le papier, et les comptes rendus ne disent pas grand-chose sur l'impression qu'elle a produite. »

LES BLESSÉS
Ici, à Heure H + 15, des soldats s'abritent derrière des obstacles. Avec la montée de la marée, ils sont nombreux à périr noyés, tandis que les survivants restent coincés sur une étroite bande de sable de 7 m.

LA TAPISSERIE D'OVERLORD
Pour commémorer les événements du Jour J et de la bataille de Normandie, une tapisserie confectionnée sur le modèle de la tapisserie de Bayeux est aujourd'hui exposée au musée de Portsmouth. Sur 34 panneaux et une longueur de 82 m, les dessins sont réalisés à partir de morceaux d'étoffe cousus, provenant le plus souvent de véritables uniformes.

BLOODY OMAHA
Cette photo, prise dans l'après-midi de cette journée fatidique, montre des soldats blessés, les autres reprennent leur progression parmi les épaves échouées sur la plage et du matériel abandonné, profitant d'une accalmie du feu ennemi. A un moment donné, le général Bradley, qui est tenu en permanence au courant, envisage d'abandonner Omaha, pour transférer le reste des unités sur une plage affectée aux Britanniques. Pourtant, le soir venu, pas moins de 34 000 hommes ont réussi à débarquer, laissant par le fond une bonne partie de leur équipement lourd. Le plus dur est encore à venir, avec une fragile tête de pont face à une violente contre-attaque allemande.

GOLD ET JUNO

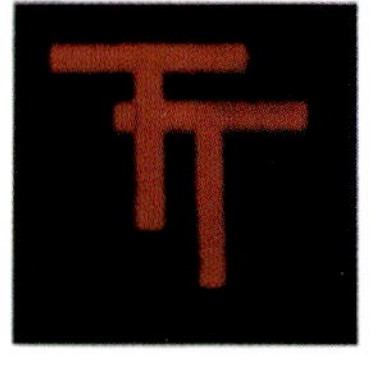

La topographie des trois plages affectées aux débarquements des troupes anglaises est remarquablement identique : une large bande de sable montant vers un cordon de dunes, avec une route parallèle au rivage bordée de maisons de vacances. Bon nombre de ces résidences ont été transformées par les Allemands en casemates, et il est fort difficile de les identifier. En outre, des bunkers ont été édifiés sur les dunes, non pas pour tirer vers le large, mais pour battre les plages par des tirs de flanquement. Gold Beach, la plus à l'ouest, s'étend entre les villages d'Asnelles et de La Rivière ; Juno, quant à elle, se situe de part et d'autre de Courseulles. Les troupes débarquent à 7 h 35.

Insignes des divisions d'assaut : celui de la 50e division du Northumberland sur Gold et celui de la 3e division canadienne sur Juno

LE LCT
Cet engin de débarquement est parfaitement polyvalent et peut transporter trois chars d'assaut. En abordant la plage, son commandant mouille deux ancres à l'arrière, sur lesquelles il déhale lorsque, son déchargement effectué, il repart pour l'Angleterre, ramenant souvent les prisonniers allemands capturés ou des blessés à soigner dans les hôpitaux de l'arrière.

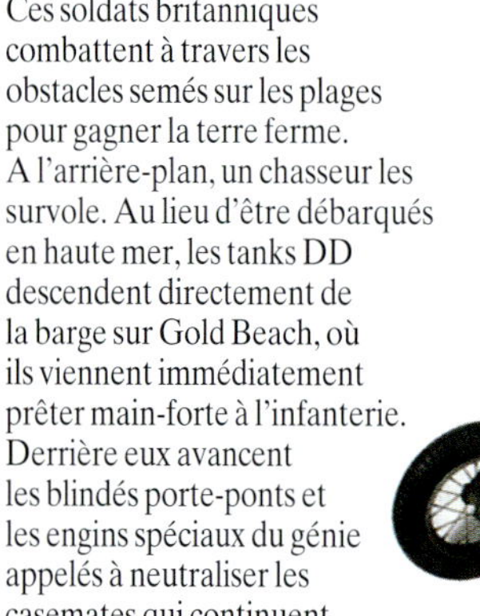

LES OBSTACLES DE LA PLAGE
Ces soldats britanniques combattent à travers les obstacles semés sur les plages pour gagner la terre ferme. A l'arrière-plan, un chasseur les survole. Au lieu d'être débarqués en haute mer, les tanks DD descendent directement de la barge sur Gold Beach, où ils viennent immédiatement prêter main-forte à l'infanterie. Derrière eux avancent les blindés porte-ponts et les engins spéciaux du génie appelés à neutraliser les casemates qui continuent de faire feu. Seules 89 barges sont perdues au débarquement.

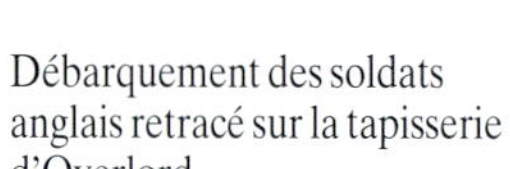

Débarquement des soldats anglais retracé sur la tapisserie d'Overlord

Motocyclette pliable « Corgi », se transportant dans un sac à dos et utilisée par les hommes des Commandos et les parachutistes

JUNO BEACH
L'accès n'est pas aussi facile qu'on l'a espéré en raison de bancs de sable au large, si bien que de nombreuses unités doivent descendre de leurs engins alors que la mer recouvre certains obstacles. Plusieurs barges sont détruites par des mines, et le très mauvais temps retarde l'arrivée des chars DD. Les vagues d'assaut sont surprises de constater que les Allemands n'ont pas fait évacuer les populations civiles. Des hommes et des femmes, hébétés par le bombardement, sortent des caves en offrant à leurs libérateurs des bouteilles de calvados.

LE DÉCHARGEMENT DU MATÉRIEL
Scène caractéristique au lendemain du Jour J. Au premier plan, les hommes commencent à progresser vers le fond de la plage et l'un d'entre eux est équipé d'une motocyclette. A l'arrière-plan, un cargo s'est mis au sec à marée basse pour décharger directement sa cargaison sur le sable, en même temps qu'un LCT et un LST. A droite, un petit véhicule amphibie américain participe au déchargement des approvisionnements. Cette impression de calme est relative, car les soldats sont sous le feu des Allemands embusqués.

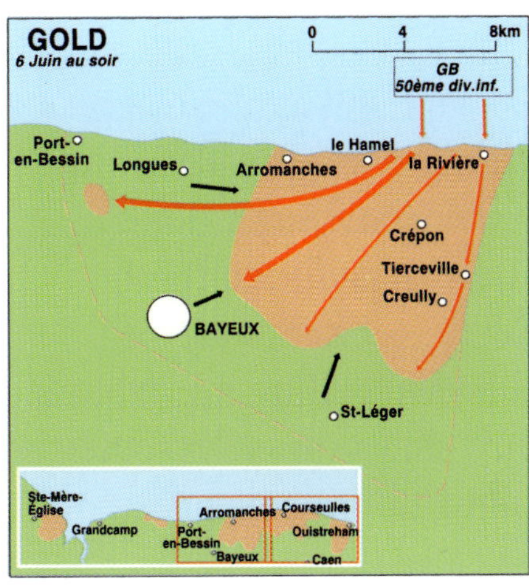

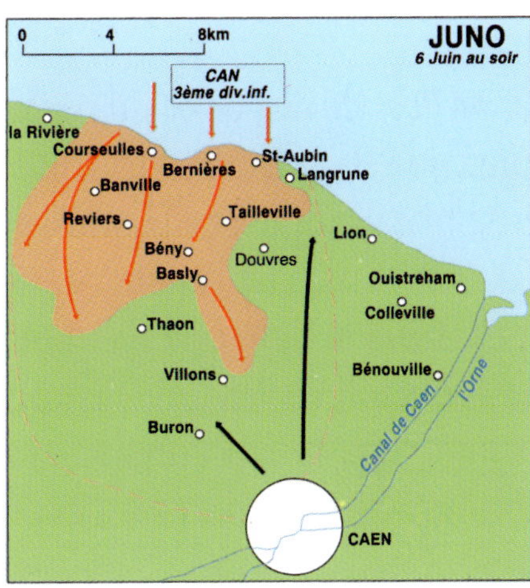

GOLD BEACH
La plage de Gold touche à Juno, sa voisine. Le fait que les pertes y soient relativement légères est dû à l'emploi intensif d'engins blindés spécialisés pour dégager les obstacles et pilonner les points d'appui. Une fois la ligne de défense enfoncée, le long des plages, les assaillants peuvent, sans trop de peine, progresser vers l'intérieur des terres.

PLAN DE BATAILLE
Plan des deux plages montrant les positions atteintes au soir du Jour J et l'axe des contre-attaques allemandes. De Gold Beach, un commando de la Royal Navy fait mouvement vers l'ouest, le long des falaises, pour s'emparer d'Arromanches, où doit être implanté un port artificiel Mulberry. De Juno Beach, vers l'est, un vide s'étend sur plusieurs kilomètres avant Sword Beach, vide qu'il faut neutraliser grâce aux Commandos progressant le long du rivage. Malgré cela, les Allemands tirent parti de cette faiblesse du dispositif en lançant une contre-attaque avec un petit groupe de chars qui atteint la plage au soir du Jour J.

Noms de code des divers secteurs des deux plages. Les Canadiens débarquent entre Courseulles et Saint-Aubin, sur les secteurs baptisés Mike et Nan.
La 50e division, sur Gold Beach, prend pied sur Jig et King, entre La Rivière et Ver-sur-Mer. Plus à l'ouest, de hautes falaises interdisent tout débarquement.

Carabine à canon court que les Commandos préfèrent au fusil réglementaire de l'infanterie, jugé encombrant

BERNIÈRES-SUR-MER
Juno en milieu de matinée, alors que la marée est haute : la résistance allemande a été anéantie. Des hommes descendent d'un Landing Craft Infantry Large (LCIL : barge de débarquement d'infanterie de gros tonnage), tenant une bicyclette. Ils ont l'air décontracté et nul ne cherche à se protéger. Une brèche a été creusée dans le mur de défense de béton, comblée avec du sable. Des câbles ont été tendus pour aider les hommes lourdement chargés qui débarquent avec de l'eau jusqu'à la poitrine. Ci-dessous, en haut, la répétition sur une plage anglaise ; en bas, la réplique quasi exacte le Jour J.

Ci-dessus, insigne des Commandos de la Royal Navy. Armés de poignards de combat et de grenades, les fameux « Bérets verts » forment une élite parmi les troupes d'assaut. Appuyés par des chars « Centaur », ils vont cependant subir des pertes sévères en de furieux corps à corps avec les Allemands.

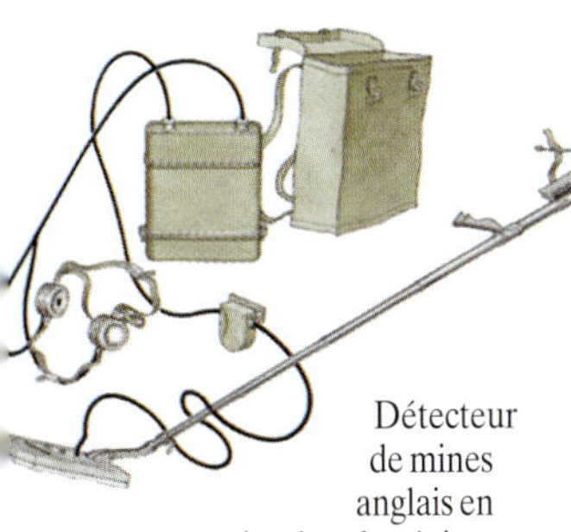

Détecteur de mines anglais en service dans le génie (Royal Engineers) pour dégager les issues de sortie des plages

LES COMMANDOS
Les Royal Marines (infanterie de marine britannique) sont les héritiers d'une longue et glorieuse tradition remontant au XVIIIe siècle. Au cours de la guerre, des commandos de marine sont constitués et plusieurs formations débarquent le Jour J, chargées de missions spéciales. Le 48e Commando débarque à Saint-Aubin, sur la section de plage Nan Red et, progressant vers l'est à travers le village, s'attaque au point d'appui de Langrune et s'en empare après l'avoir contourné par l'arrière. Le 47e Commando fait mouvement en direction d'Arromanches et opère sa jonction avec les Américains à Port-en-Bessin.

SWORD BEACH

Sword est la plage la plus à l'est du dispositif du débarquement ; son secteur comprend le port de Ouistreham ainsi que Riva Bella. Le gros de la force d'assaut est constitué par la 3e division d'infanterie britannique dont la mission est de progresser à l'intérieur des terres pour s'emparer de Caen. Après un bombardement massif par les cuirassés mouillés au large, l'infanterie débarque malgré une mer agitée et réussit à prendre pied sur le rivage grâce à l'appui des chars DD. Sur leurs talons, les LCT, avec les blindés spéciaux à leur bord, s'ancrent sur la plage. Le problème est que la marée monte rapidement, recouvrant les obstacles semés sur le sable avant que le génie puisse les neutraliser ; de nombreuses barges sont ainsi endommagées.

LORD LOVAT
Le Jour J, le chef du 4e Commando est à la tête de la 1re brigade du « Special Service » qui débarque sur Sword Beach avec mission de nettoyer Ouistreham puis de faire mouvement sur le pont Pegasus. Respectant la plus authentique tradition écossaise, lord Lovat est en permanence accompagné de son joueur de cornemuse personnel, Bill Millin. Lorsque la barge de débarquement des Commandos approche de la terre, celui-ci entonne la célèbre marche *Highland Laddie* et les hommes se ruent sur le sable.

LA MARÉE
La marée montante commence à recouvrir les obstacles. Des épaves de chars jonchent le sable et, plus en avant, les chars-fléaux et les « Crocodiles » entrent en action. La fumée s'élève des bâtiments incendiés à mesure que les survivants allemands sont délogés, maison par maison, des abris où ils s'étaient retranchés. L'artillerie ennemie continue d'arroser la plage toute la journée. Le docteur Patterson raconte : « Les blessés commençaient de crier et de hurler en se rendant compte qu'ils risquaient d'être vite noyés. Nous travaillâmes d'arrache-pied. Je ne sais combien d'hommes nous avons pu tirer sur le sable sec, mais j'ai bien peur que ce ne soit pas plus de deux ou trois. »

Emblème de la 3e division d'infanterie, et des commandos anglais. Tous les hommes sont dotés du poignard de combat Sykes-Fairburn, qui équipe aujourd'hui encore les Forces Spéciales, et qu'ils ont adopté comme symbole de leur arme.

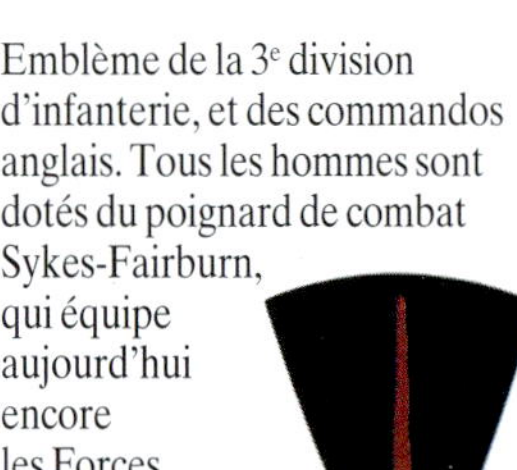

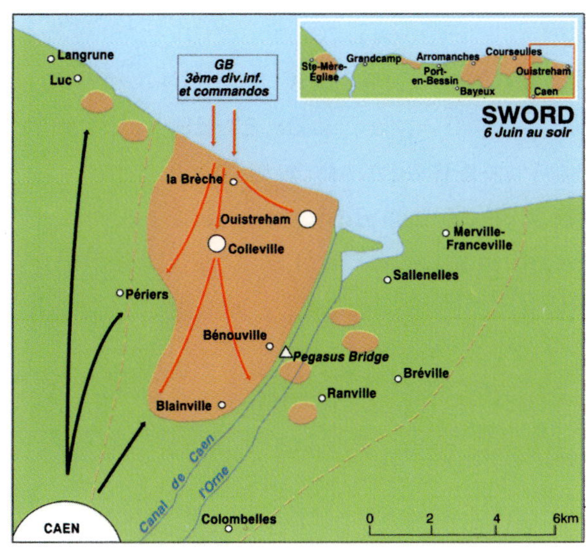

Cette carte détaille les divers secteurs de Sword Beach. La 21ᵉ division de Panzer contre-attaque et réussit à atteindre la côte.

LE COMMANDO FRANÇAIS
Les seules Forces françaises libres qui débarquent en Normandie le Jour J constituent un détachement de 125 hommes du 4ᵉ Commando interallié. Les hommes viennent de divers pays occupés et certains même sont des Allemands farouchement anti-nazis. De nombreux Français ont gagné l'Angleterre à bord de bateaux de pêche bretons, ou viennent des colonies d'Afrique occidentale. Au moment de l'offensive, ils font partie du 4ᵉ Commando et ils débarquent à La Brèche, sur Queen Beach. De là, ils opèrent leur jonction avec les autres unités de Commandos en délogeant les Allemands des villas de Riva Bella. Ils vont assurer le front est du débarquement.

Insignes des Commandos de la France libre avec la barrette d'épaule : il s'agit du 4ᵉ Commando arborant la croix de Lorraine.

KIEFFER
Le commandant Philippe Kieffer, officier de marine de réserve, est originaire d'Alsace. A Riva Bella, dont les Allemands ont transformé le casino en forteresse, il réquisitionne un char DD et lance ses hommes à l'assaut du réduit, pourchassant l'ennemi de pièce en pièce, jusqu'à ce qu'il soit entièrement libéré de ses occupants.

GWENN-AEL BOLLORÉ
Jeune marin breton à peine âgé de 18 ans, le Français Gwenn-aël Bolloré fait partie du 4ᵉ Commando de lord Lovat sous les ordres de Kieffer. Il témoigne du débarquement sur Sword : « De l'eau jusqu'à la poitrine, 40 kilos sur le dos, les armes tenues au-dessus de la tête, les cent premiers mètres nous séparant de la plage sont couverts avec lenteur tant il est difficile de se mouvoir en hâte dans l'élément liquide. Çà et là, un camarade tombe, frappé d'une balle de mitrailleuse, d'un éclat d'obus, d'une bombe de mortier. Serrer les dents et arriver... Arriver... La plage. »

À L'ASSAUT DE CAEN
Une file de soldats quitte le secteur Queen en direction de Hermanville. Ce sont les hommes du 1ᵉʳ bataillon du South Lancashire. Au centre, un blessé est ramené par ses camarades vers l'arrière et, au second plan, un autre est tiré hors de l'eau qui monte. Bien que la 3ᵉ division ait réussi à libérer les villages sur le littoral, l'offensive sur Caen n'est pas menée avec assez de vigueur, ce qui donne aux Allemands le temps d'organiser une ligne de défense provisoire. Au soir du Jour J, les Anglais sont stoppés devant la forêt de Lebisey.

LES CHARS DD
Des chars DD appuient l'infanterie qui se dispose à nettoyer un village en retrait de la plage. On voit les hélices sous la jupe en position basse. Sur les 25 engins des 13ᵉ et 18ᵉ régiments de hussards qui sont mis à l'eau, 21 atteignent le rivage sans encombre. Deux sont perdus à la suite d'un abordage accidentel avec une file de LCT qui gagne la plage. Ceux qui arrivent à la plage se dirigent ensuite vers l'intérieur pour faire la liaison avec les parachutistes à Pegasus Bridge.

LES PREMIERS JOURS

Le débarquement est un succès, bien que tous les objectifs ne soient pas atteints au soir du 6 juin. Le plan du général Montgomery est de créer un solide territoire autour des têtes de pont britanniques et américaines, puis d'envoyer les GI's vers l'ouest, afin d'isoler la péninsule de Cherbourg.

La Normandie se présente un peu comme un goulet étroit. Aussi, après le Jour J, la course s'engage entre les Alliés, qui tentent d'acheminer hommes et matériel, et les Allemands qui envoient des renforts. Les Alliés comptent sur la supériorité de leur aviation, mais le mauvais temps de juin 1944 entrave les manœuvres des chasseurs-bombardiers.

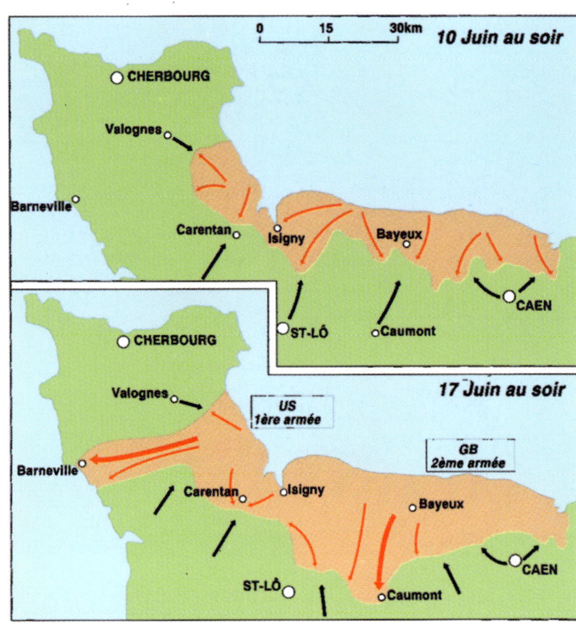

LA SITUATION MILITAIRE
Sur cette carte, on voit la jonction des deux têtes de pont, opérée le 13 juin, ainsi que le mouvement des Américains vers l'ouest. Les troupes du général Collins, du 7e corps d'armée, atteignent Barneville, au sud du Cotentin, le 17 juin. De là, elles foncent vers Cherbourg.

BAYEUX
Les patrouilles britanniques parvenues aux abords de cette cité chargée d'histoire au soir du Jour J ne rencontrent aucune résistance sérieuse lorsqu'elles y pénètrent le lendemain matin. Bayeux est de ce fait la seule ville normande qui n'ait pas été gravement endommagée. C'est aussi la première grande ville libérée de France. Cependant, ses rues étroites forment un goulet d'étranglement pour les convois militaires : aussi les hommes du génie construisent-ils une route circulaire, utilisée encore aujourd'hui comme rocade. Sur cette photo, les troupes britanniques traversent Bayeux, avec, en arrière-plan, la célèbre cathédrale.

LE BOCAGE
Petite route normande typique du paysage de bocage. Au premier plan se trouve l'épave d'un char Panther détruit par les Alliés. Les haies constituaient d'excellents abris défensifs pour les Allemands, forçant les Anglo-Américains à se battre pour chaque parcelle de territoire, sans pouvoir employer leurs nombreux chars pour des manœuvres de grande envergure.

LE PROBLÈME
Cette photographie aérienne montre bien le problème qui se pose aux Anglais et aux Américains : les parcelles entourées de haies denses retardent la progression des Alliés, qui redoutent toujours une attaque au mortier ou un lancer de grenades.

Le PAK 41

ACHTUNG JABO
« Achtung, Jabo ! » crient les Allemands à l'approche d'un chasseur-bombardier allié. La supériorité de l'aviation alliée est telle que les Allemands en sont réduits à n'avancer que de nuit. Si les circonstances les obligent à circuler de jour, ils tentent – vainement – de camoufler leurs véhicules avec du feuillage, pour éviter d'être repérés.

LE PAK 41
Cette arme légère anti-char est remorquée par les chenilles allemandes qui transportent hommes et munitions. C'est grâce à cet engin que les Allemands, qui en possédaient un grand nombre, ont pu résister si longtemps en Normandie malgré la supériorité alliée en hommes et en blindés.

LE DISCOURS DU GÉNÉRAL DE GAULLE À BAYEUX
« Nous sommes tous émus en nous retrouvant ensemble dans l'une des premières villes libérées de la France métropolitaine, mais ce n'est pas le moment de parler d'émotion. Ce que le pays attend de vous, à l'arrière du front, c'est que vous continuiez le combat aujourd'hui, comme vous ne l'avez jamais cessé depuis le début de cette guerre et depuis 1940. Notre cri maintenant, comme toujours, est un cri de combat, parce que le chemin du combat est aussi le chemin de la liberté et le chemin de l'honneur. »

DE GAULLE SUR LE SOL FRANÇAIS
Le chef de la France libre est autorisé à visiter son pays le 14 juin. Débarqué à Courseulles (Juno Beach) dans la matinée, il est conduit à Bayeux, sous escorte militaire britannique, où, après avoir prononcé son célèbre discours, il nomme le premier sous-préfet de la France libérée, Raymond Triboulet. Acclamé par la foule, il traverse la ville, mais comme l'attroupement empêche le passage d'un convoi militaire vital, on doit lui demander de repartir. Pour la première fois, le chef de la France combattante teste sa légitimité populaire, impressionnant les Alliés. De Gaulle fait un autre discours à Isigny, en secteur américain, avant d'être reçu par Montgomery dans son quartier général du château de Creuilly. Enfin, de Gaulle revient à Courseulles, d'où il s'embarque pour l'Angleterre, au plus grand soulagement des Alliés.

Autre particularité de la géographie normande, mise à profit pour ralentir l'avance alliée : les vallées, inondées par les Allemands qui empêchent les Américains de progresser à partir d'Utah Beach.

LE RHINOCÉROS
Les Américains s'aperçoivent assez vite de la faiblesse de leurs chars, incapables de franchir des haies sans se cabrer, exposant leur châssis peu renforcé. Un sergent du génie a alors l'idée de fixer à l'avant quatre lames de métal pour couper les taillis du bocage normand. Surnommé le « Rhinocéros », cet engin va se révéler à la fois bon marché et efficace sur les hauteurs dominant la route Saint-Lô-Périers.

LE CHAR PANZER MARK IV
Bien que déclassé par le Panther, le Mark IV est le principal instrument de la résistance allemande. Rassemblés en divisions, ces blindés freinent l'avancée britannique vers Caen.

Emblème de la 7e division blindée britannique, les « Rats du désert »

Ci-dessous, les carcasses d'un Tigre Mark I, à l'arrière, un autre Tigre et un Panzer Mark IV

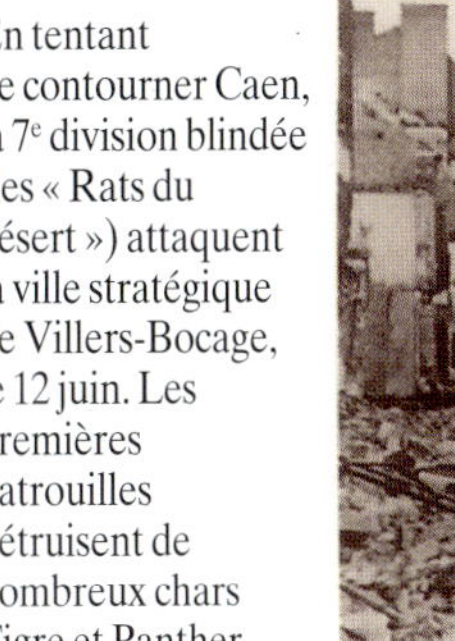

En tentant de contourner Caen, la 7e division blindée (les « Rats du désert ») attaquent la ville stratégique de Villers-Bocage, le 12 juin. Les premières patrouilles détruisent de nombreux chars Tigre et Panther.

LOGISTIQUE

Pour mener les Allemands à la défaite, Montgomery réclame des tonnes de ravitaillement. La « logistique » est le nom donné à l'organisation des déplacements et équipements de l'armée. Ceux qui en sont responsables sont rarement reconnus, pourtant sans les milliers d'hommes et de femmes qui y furent affectés, la bataille de Normandie n'aurait pu être gagnée. Leur travail consiste à fournir aux troupes tout ce dont elles ont besoin, en quantité, temps et lieu appropriés. Au départ, tout doit être débarqué sur les plages où les unités d'ordonnance organisent les stocks de ravitaillement, maintiennent le contact avec les navires qui arrivent et les aident à se diriger pour aborder.

Dès que les troupes d'assaut quittent les plages, le matériel et les véhicules accumulés sont transportés vers l'intérieur des terres aussi rapidement que possible. Puis on installe un système de débarquement du ravitaillement régulier.

L'une des priorités est de préparer les terrains d'atterrissage pour les avions. Des unités spéciales de techniciens sont envoyées en Normandie pour mettre en place des pistes composées de filets en maille de fer.

OMAHA
Les plages prises sont l'objet d'une intense activité. On voit, ci-dessus, la plage d'Omaha avec la ligne des « Liberty ships » qui furent ancrés au large du littoral. Les véhicules sont débarqués sur la plage et l'équipement est entassé, prêt à être livré. Si chaotique qu'elle paraisse, l'organisation fonctionne extrêmement bien. Pour donner un ordre de grandeur, une division blindée requiert 600 tonnes d'approvisionnement par jour. Jusqu'à ce que les ports artificiels soient mis en place, tout est transporté sur la plage par les hommes eux-mêmes, à la merci des conditions météorologiques dans la Manche. D'autre part, on commence à embarquer les prisonniers allemands.

LE LIGHTNING
Sur cette peinture, le chasseur américain bimoteur à grand rayon d'action, aisément reconnaissable à sa queue à double aileron, vole au-dessus des navires qui viennent ravitailler les hommes sur les plages normandes.

LES RATIONS
Les hommes reçoivent des rations pour 24 heures, déshydratées et emballées sous vide. Ces paquets contiennent entre autres des réchauds à combustible solide, du thé pour les Anglais, et même du papier toilette.

LES PORTS MULBERRY
Les deux ports sont composés de plusieurs éléments standard. Afin de créer une première enclave protégée des tempêtes, des lignes de vieux navires marchands, nom de code « Gooseberries » (groseilles), sont coulées près des plages. Viennent ensuite les énormes caissons « Phoenix » qui sont mis en position et immergés de façon à former des digues continues, ouvertes par endroits pour permettre aux bateaux d'aller et venir. Ils sont représentés sur la partie inférieure de la carte en relief du port d'Arromanches, ci-dessous, enserrant des navires au mouillage. A partir de la plage même, des routes flottantes, connues sous le nom de « Whales » (baleines), montées sur des pontons, sont tendues sous l'eau, puis attachées à des quais appelés « Spuds ». Ceux-ci sont fixés au fond de la mer par des pieds géants et peuvent se déplacer au gré de la marée. Les Liberty ships et les vastes ravitailleurs viennent s'arrimer aux musoirs pour décharger leurs cargaisons, et les véhicules sont directement conduits sur la plage. Ci-dessus, une partie de la flotte Mulberry se mettant en position.

LES PASSERELLES
Ci-dessus, on voit comment une passerelle « Whale » pivote autour des quais Spuds. Les deux photographies illustrent le fonctionnement du déchargement : un navire-hôpital est amarré au quai et une colonne de véhicules débarque sur la plage, le long d'une des chaussées flottantes, reliées entre elles par une sorte de pont-levis qui les met au niveau des cales du navire au rivage. Les deux ports artificiels peuvent accueillir 12 000 tonnes de stocks et 2 500 véhicules par jour.

Port artificiel d'Arromanches

« Gooseberries »

Pontons « Whale »

Caissons « Phoenix »

Un plan montrant le dessin de Mulberry 2, qui est monté dans la petite ville d'Arromanches. Mulberry 1 est installé près de Saint-Laurent-sur-Mer, à Omaha Beach. La traversée de la Manche par les diverses unités commence le Jour J et le travail d'assemblage débute dès le 7 juin.

Le 19 juin, une violente tempête réduit le port artificiel américain à l'état d'épave.

LA PRISE DE CHERBOURG

La présence de l'impressionnante ville portuaire de Cherbourg, où les navires les plus vastes peuvent manœuvrer, est l'une des raisons principales du choix de la Normandie comme zone de débarquement. Si les Alliés veulent vaincre les Allemands, ils doivent réussir le plus rapidement possible à installer leurs équipements ainsi qu'à amener leurs renforts. Après avoir réussi l'opération « Overlord », Montgomery ordonne au général Bradley de se concentrer, en priorité, sur la prise de Cherbourg. Cette tâche est confiée au 7e corps, commandé par le général Collins, qui a mené l'assaut à Utah Beach. Ses hommes se frayent un chemin vers l'ouest et, le soir du 17 juin, les patrouilles atteignent l'autre côté du Cotentin, isolant au nord les Allemands. Le 26 juin, les Alliés prennent Cherbourg.

CHERBOURG, LA FORTERESSE

A l'intérieur des terres, Cherbourg est défendue par une ligne de fortifications en arc de cercle, fermée, à chaque extrémité, par des points d'appui allemands. Le commandant de la garnison dirige une troupe plutôt mélangée. Manquant de blindés, ses forces sont composées de personnel naval, d'ouvriers du bâtiment et de ce qui reste des divisions chargées de la défense de la côte : soit 21 000 personnes en tout. La ville de Cherbourg est bâtie au pied de falaises abruptes et ne peut être approchée qu'en descendant des ravins escarpés, ce qui, en théorie, la rend aisée à protéger. Si le général von Schlieben avait pu replier ses troupes à l'intérieur du périmètre de défense, il aurait pu tenir longtemps mais Hitler lui ordonne de se battre pour chaque pouce de terrain.

Marauder américain, du type de ceux qui sont utilisés pour bombarder les lignes de défense de Cherbourg

L'AVANCÉE VERS LE NORD

Le général Collins possède trois divisions : la 9e sur la gauche, la 79e au centre et la 4e sur la droite. Cette dernière unité entreprend, le 12 juin, de se frayer un chemin vers Montebourg, qui se trouve sur une route vitale, la nationale 13. La petite ville est, à cette occasion, presque entièrement détruite par l'artillerie et les bombardiers américains. Le 19 juin, avant l'aube et sans aucun bombardement préliminaire, la 4e division contourne les ruines de la ville et, la nuit même, parvient à Valognes. Les fuyards allemands sont poursuivis dans leur retraite, et, le soir du 21 juin, les Américains attaquent la zone de défense allemande et débouchent sur les hauteurs dominant Cherbourg. Dans un premier temps, ils ne rencontrent que peu de résistance, puis le contact est trouvé. Les chars ne peuvent pas soutenir l'artillerie en raison de la nature vallonnée et marécageuse du terrain. Mais, un à un, les GI's assaillent les bunkers, descendant progressivement vers le port où les Allemands coulent les navires et démolissent les grues afin de les rendre inutilisables.

Une patrouille américaine pénètre dans Montebourg avec une voiture blindée à six roues White, que les Américains utilisent pour leurs unités de reconnaissance en raison de sa rapidité sur les routes et de sa capacité à se déplacer aisément à travers champs.

Mitrailleuse Browning américaine de calibre 5

Carte montrant les routes empruntées par les trois divisions américaines. Dès la prise de Cherbourg, les Allemands se retirent à l'extrémité de la péninsule et continuent à se battre jusqu'au 1er juillet, où ils manquent de munitions.

YANKS CHARGE AT HEART OF CHERBOURG

En haut à gauche, le général Collins, commandant le 7e corps US

LE FORT DU ROULE
Clef de voûte de toute la défense intérieure, ce fort français du XIXe siècle, que les Allemands ont renforcé, donne directement sur le port.

Attaquée par les hommes de la 79e division, sa garnison est définitivement éliminée le 25 juin, jour où le drapeau américain est hissé. Sur la photographie (en haut), des troupes américaines, massées sur la terrasse du fort, regardent vers la zone portuaire.

LE GÉNÉRAL VON SCHLIEBEN
Avec la chute du fort, toute résistance est devenue inutile. Il capitule le soir du 26 juin alors que les combats se poursuivent dans l'arsenal de la marine, qui se rend le jour suivant. Les forts situés sur le môle résistent encore pendant un temps et cèdent finalement le 29 juin. Les ingénieurs américains s'attellent alors à la tâche difficile de reconstruire les installations du port et de supprimer les navires sabotés ainsi que les mines. Ce n'est que début août que les navires pourront accoster au port.

Ce plan des lignes de défense de Cherbourg montre également le terrain et les abords de la zone portuaire. Les forts, situés sur les môles extérieurs, furent érigés sous le règne de Napoléon III.

CAEN

La IIe armée britannique du général Dempsey paie un lourd tribut lors de l'échec de la prise de Caen le premier jour. La stratégie du général Montgomery consiste à attirer les divisions de Panzer allemandes sur le front anglais, de manière à donner aux Américains la possibilité d'opérer une percée sur la côte ouest de la Bretagne. Parallèlement, les Allemands sont déterminés à tenir leurs positions autour de la ville et à empêcher l'avancée des Britanniques et des Canadiens au nord-ouest en direction de la Seine. Il faut un mois entier de combats acharnés pour s'emparer de la partie nord de Caen, ce qui n'empêche pas l'ennemi d'opposer une résistance farouche à toutes les tentatives anglaises pour progresser vers le sud, par les rivières de l'Odon et de l'Orne. Début juillet, c'est l'impasse totale sur tout le front, ce que l'on reprochera, par la suite, à Montgomery.

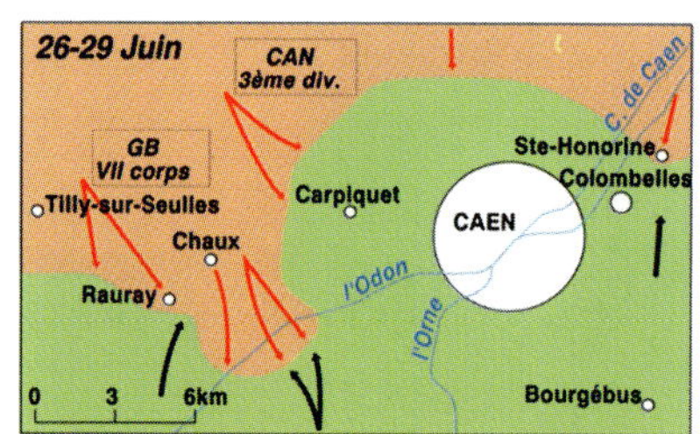

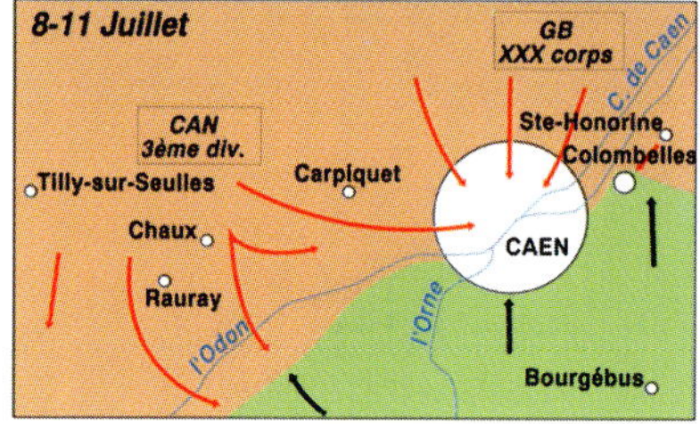

Les mouvements des attaques britanniques autour de Caen, fin juin et début juillet. En haut, la bataille d'Epsom et le front stationnaire autour de la ville, où les Canadiens se retrouvent face à la 12e division de Panzer. Dessous, l'opération Charnwood, la prise du nord de Caen et des terrains d'aviation de Carpiquet.

A BAS MONTY !

L'échec des Anglais devant Caen suscite la réaction de la presse américaine, qui reproche aux hommes de Montgomery de ne pas agir tandis que les GI's participent à tous les combats et meurent par centaines. La vérité est qu'un nombre toujours croissant de divisions de Panzer les assaillent. Au quartier général d'Eisenhower, l'impatience grandit, on trouve que la démarche de Monty est trop prudente et plusieurs officiers supérieurs commencent à suggérer ouvertement qu'il soit relevé de son commandement.

UN 88 MM ALLEMAND

La célèbre pièce d'artillerie, placée dans sa position anti-aérienne, repose sur quatre pieds, les roues ayant été supprimées. Elle peut tirer jusqu'à une distance de 10 km. Les manivelles, sur les côtés, permettent de lever et de diriger le canon. Le cylindre qui se trouve au sommet du tube est le récupérateur, dont le rôle est d'absorber le choc du recul en jouant sur un piston mû par une compression hydraulique fonctionnant avec de l'huile.

Canon allemand de 88 mm

PANZER MEYER

Kurt Meyer, qui commande la 12e division blindée SS « Hitlerjugend » (jeunesse hitlérienne), est le type même de ces jeunes et impitoyables officiers nazis qui servent dans les unités SS. Brillant commandant de chars d'assaut, il a fait son apprentissage sur le front russe. Jugé comme criminel de guerre, il sera condamné à mort mais sa peine sera commuée en prison à vie.

L'OPÉRATION EPSOM

L'objectif de cet assaut, qui débute le 26 juin, est d'utiliser la 11e division blindée pour s'emparer des ponts sur la rivière de l'Odon, à l'ouest de Caen. L'opération réussit au début, puis est contrée par deux divisions de Panzer, nouvellement arrivées. De durs combats ont lieu autour d'un lieu-dit connu sous le nom de « colline 112 » et les Britanniques sont stoppés. Le général Dempsey ordonne à ses chars, situés au nord de la rivière, de se replier sur des positions où ils stationneront un mois.

À COUVERT

Les chars allemands sont contraints par l'aviation alliée de se déplacer la nuit et tous feux éteints. Dès l'aube, ils doivent se mettre à couvert sous les arbres et se camoufler avec des branchages pour éviter d'être repérés par les chasseurs-bombardiers. Lors des combats de jour cependant, le mauvais temps empêche souvent les vols, permettant aux blindés allemands d'opérer.

Charmwood

Le soir du 7 juillet, Caen est intensivement bombardée. Le matin suivant, trois divisions d'infanterie convergent vers la ville, mais le plan qui prévoit d'envoyer les blindés sur les ponts de l'Orne doit être abandonné en raison des décombres. Les Allemands font sauter les ponts et se replient sur les berges sud de la rivière.

B. 17 américain

Carpiquet

Depuis le 6 juin, la 3e division canadienne se bat pour la maîtrise du terrain d'aviation. Lorsque, enfin, le 11 juillet, ils parviennent à le prendre à leurs vieux ennemis de la 12e division de Panzer, les bâtiments ont été détruits par les obus du navire de guerre *Rodney*, les chars du Fort Garry Horse et les tirs de roquette des Typhoons. La photographie ci-dessous montre les débris d'un Junker 88 dans l'un des hangars.

Les ruines

Les beaux édifices historiques de Caen, comme c'est le cas pour bien d'autres villes normandes, sont réduits en poussière, devenant en quelques minutes un tas de décombres et causant un grand nombre de victimes civiles. Sur la photographie à gauche, un « Tommy » anglais porte une petite fille française à l'abri. Nombre de civils ont trouvé refuge dans la crypte de l'Abbaye-aux-Hommes et à l'hôpital du Bon-Sauveur. La vue ci-dessous représente le centre-ville totalement dévasté, où seuls demeurent les clochers des églises.

Une victoire symbolique

Des soldats canadiens posent pour une photographie de propagande, dans la banlieue ouest de la ville. La presse britannique célèbre la prise de Caen comme une grande victoire, mais de rudes combats doivent encore se dérouler avant que les défenses allemandes ne tombent, et que les Alliés ne percent sur la plaine normande en direction du sud et de la route vers Falaise.

LA PERCÉE

Même si les Allemands sont parvenus à ralentir la progression des Alliés, le vent tourne dès la mi-juillet. Von Rundstedt, accusé de défaitisme, est renvoyé par Hitler et remplacé par le maréchal von Kluge. Bien que constituant toujours une défense puissante, les capacités de la plupart des divisions de Panzer ont été considérablement réduites, au cours du long combat d'usure qui se déroule dans les bocages. La course à l'intensification des forces tourne clairement en faveur des Alliés. Fin juillet, les unités canadiennes sont constituées en armée, et les Américains disposent de la IIIe armée du général Patton, opérationnelle et prête à l'action.

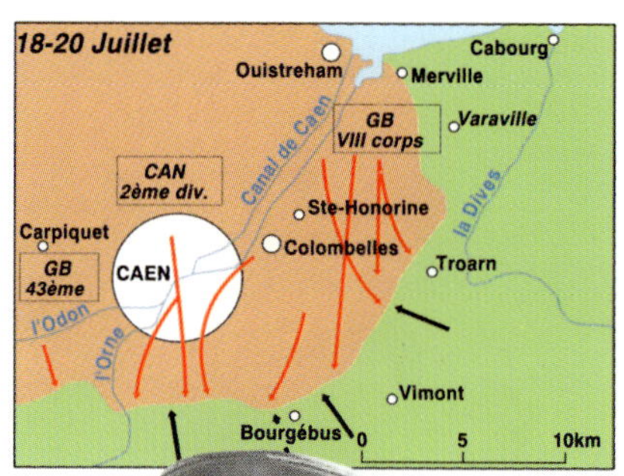

Zone de l'opération Goodwood, dont l'objectif est d'amener les divisions de Panzer à se battre à l'est de Caen, tandis que les Américains préparent une percée sur la côte ouest

L'OPÉRATION GOODWOOD
Le plan audacieux du général Dempsey, qui prévoit d'enfoncer les lignes de défense allemandes avec trois divisions blindées, est un échec dramatique, son seul aspect positif est que, lors de l'attaque menée par Bradley quelques jours après, sept des divisions de Panzer, sur les dix disponibles, sont occupées à combattre les Britanniques.

USURE
Si les Alliés peuvent compenser leurs pertes en renouvelant complètement leurs équipements et leurs effectifs, les Allemands, qui combattent sur deux fronts, en Russie et à l'Ouest, n'en ont plus les moyens. Ces prisonniers allemands découragés, ramenés vers l'arrière, sous le regard attentif des troupes américaines, sont un reflet du début de leur déroute.

LA MENACE DES « V1 »
A la mi-juillet, alors que Montgomery est l'objet de pressions croissantes pour achever la campagne de Normandie, les Allemands commencent à envoyer sur Londres des bombes munies d'un moteur à propulsion et lancées, sans pilote, à partir de bases situées au nord de la Seine. « V » est l'initiale de *Vergeltung*, qui, en allemand, signifie « revanche ». Bien que ces bombes aient fait de nombreuses victimes civiles, leur effet est minime sur le cours de la guerre. Des avions de combat spéciaux, à grande vitesse, comme le Spitfire de cette peinture, en neutralisent un grand nombre.

Canon anti-char britannique de 32 livres extrêmement puissant, capable de transpercer le blindage des chars allemands

LE MARÉCHAL VON KLUGE
Remplaçant von Rundstedt, le maréchal von Kluge doit affronter une tâche impossible. Hitler lui ordonne de ne pas céder un pouce de terrain, alors que sa seule chance d'épargner ses forces consiste à réduire sa position, en se repliant stratégiquement derrière la Seine. Impliqué à tort dans le complot contre Hitler, il se suicide le 19 août, après avoir écrit à son chef : « Prenez la décision de terminer cette guerre. »

LE BOCAGE
Après l'échec de Goodwood, les troupes britanniques maintiennent la pression à l'ouest de Caen, afin de laisser le champ libre à l'attaque imminente des Américains. Ici, des hommes du régiment des Green Howards longent l'épave d'un *half-track* près de Tracy-Bocage. Ces engins blindés de construction américaine servent aux deux armées alliées, comme moyen de transport standard de l'infanterie. Les chenilles à l'arrière leur permettent d'être tout-terrain.

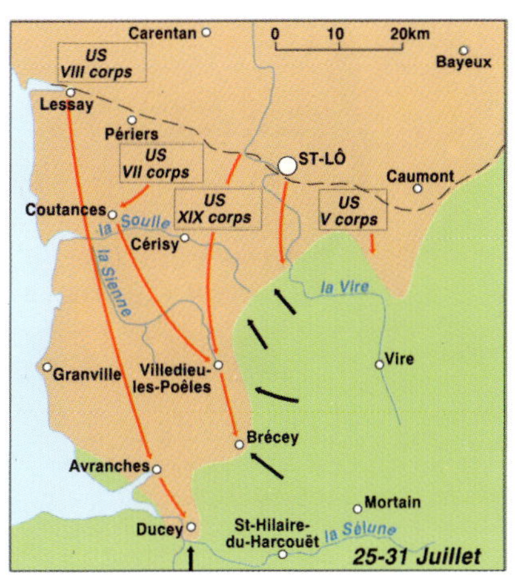

Ayant réussi à percer à travers le bocage vers Saint-Lô, les hommes de Bradley peuvent se rassembler en vue d'une attaque décisive. La carte montre la route du sud en direction d'Avranches, qui est la clef de leur progression en rase campagne vers l'intérieur de la France.

LE CANON HOWITZER 155 MM AMÉRICAIN
L'un des canons les plus puissants utilisé en Normandie, le « Long Tom », correspond à l'équipement standard des bataillons d'artillerie lourde américains. Massés à l'avant, ces bataillons peuvent, en crachant une pluie de feu dévastatrice, soutenir une attaque menée par plusieurs divisions.

SAINT-LO
Cette ville stratégique coûte des milliers de vie avant d'être finalement prise le 19 juillet, engageant ainsi l'opération Cobra. Il faut presque trois semaines d'âpres combats dans le bocage pour que les Américains parviennent enfin à pénétrer dans la ville, complètement dévastée, que les unités de parachutistes allemands ont défendue avec courage. Son importance tient au fait qu'elle constitue la clé de tout le réseau routier au centre de la zone opérationnelle américaine.

L'OPÉRATION COBRA
Bradley rassemble ses troupes le long de la route Périers-Saint-Lô, et ordonne que les défenses allemandes soient massivement bombardées. Cependant, une partie des bombes, lancées trop court, tuent des Américains ; elles détruisent aussi le gros de la division Panzer Lehr. L'attaque débute le 25 juillet. Deux jours plus tard, le front allemand s'effondre et les corps d'armée commencent à progresser vers le sud, à travers des lignes ennemies totalement désorganisées.

Les chars de Patton sont accueillis par des civils qui offrent du calvados aux soldats.

L'EXPLOITATION
Bradley place le général Patton à la tête d'une force blindée, avec l'ordre de rejoindre, au plus vite et sans s'arrêter, les ponts vitaux à Alençon. De là, il doit passer en Bretagne. Le 28 juillet, les hommes de la 4e division blindée entrent dans Coutances, prenant la route stratégique du centre. Des milliers d'Allemands sont encerclés et capturés au sud de la ville, mais l'avance ne s'arrête pas. Ci-contre, en bas, des soldats de la 8e division d'infanterie, souriants, traversent tranquillement un village au nord d'Avranches. Le 30 juillet, la ville tombe, le goulet s'ouvre. Les deux ponts stratégiques, situés juste au sud, à Pontaubault, sont pris sans avoir été endommagés, et les blindés américains se lancent en direction de Rennes et de Saint-Malo. Le 6 août, ils atteignent Le Mans, tandis que, parallèlement, les Britanniques lancent l'opération « Bluecoat », ratissant massivement le bocage vers l'ouest de Caen. Les Allemands sont sur le point d'être encerclés.

LE GÉNÉRAL GEORGE PATTON
Patton est, dans la hiérarchie militaire américaine, supérieur à Bradley et Eisenhower, mais il faillit ruiner sa carrière en giflant un soldat durant la campagne de Sicile. Brillant officier des forces blindées, il est réputé pour son intransigeance en ce qui concerne la discipline. Sa IIIe armée débarque en Normandie et est active dès le 1er août. Célèbre pour sa paire de revolvers à crosse de nacre, il va mener ses hommes jusqu'en Allemagne. Il se tuera dans un accident peu après la fin de la guerre.

LA POCHE DE FALAISE

Après la rupture du front, les Allemands ne peuvent plus guère réagir, bien qu'Hitler ait ordonné à toutes les unités de Panzer disponibles de contre-attaquer sur le corridor américain d'Avranches. Alors que les blindés ennemis se déplacent vers l'ouest, le front anglais s'anime et les Canadiens font mouvement vers Falaise au sud. Lorsque leur attaque échoue, les Allemands réalisent qu'ils sont sur le point d'être encerclés, Bradley ayant ordonné à une partie de l'armée de Patton de se tourner vers le nord, à la rencontre des Canadiens. S'engage alors une véritable course contre la montre pour verrouiller ce puissant piège avant que les Allemands ne puissent fuir vers la Seine. Beaucoup réussissent à s'échapper, mais ils laissent derrière eux l'essentiel de leur équipement et de leurs véhicules. La route vers Paris est ouverte.

COURTNEY HODGES
Le 1er août, le général Bradley est promu à la tête du 12e groupe d'armée américain. Son adjoint, le général Hodges, prend le commandement de la Ire armée américaine. Relégué dans l'ombre par le tempérament impétueux de Patton, cet officier modeste et tranquille conduira son armée jusqu'à la défaite finale de l'Allemagne en mai 1945.

LES DERNIERS SOUBRESAUTS DES ALLEMANDS
Très inquiet de la percée américaine à Avranches, Hitler ordonne au maréchal von Kluge de rassembler tous les chars disponibles et de foncer sur Mortain, afin de couper les lignes de ravitaillement américaines. Toutefois, plusieurs unités, engagées contre les Anglais, ne peuvent se libérer à temps. Quatre divisions, qui ne comptent que 250 chars, attaquent Mortain durant la nuit du 7 au 8 août, connaisssant au début quelque succès contre la 30e division d'infanterie. Aux premiers rayons du soleil dispersant les brumes matinales, les pilotes des chasseurs-bombardiers alliés n'en croient pas leurs yeux : les routes étroites pullulent de chars et de camions ennemis, n'offrant d'autre difficulté que le choix de la cible sur laquelle se portera la première attaque. Alors que les chars prennent feu l'un après l'autre, le champ de bataille se couvre de fumée.

MORTAIN
Comme beaucoup de villes normandes, Mortain, pilonnée par les bombes et l'artillerie lourde américaine, subit de sérieux dommages pendant la bataille. Un bataillon d'infanterie américain y est encerclé, sur une colline, juste en dehors de la ville ; mais les combattants défendent héroïquement leur position et encaissent le choc de la contre-attaque allemande (ci-dessous). Un avion léger plonge en piqué et jette du ravitaillement aux GI's, qui repoussent les assauts répétés de grenadiers SS déterminés à les déloger.

OPÉRATION BLUECOAT
Pour appuyer l'avance américaine, les Anglais lancent, vers l'ouest de Caen, une vaste offensive qui réussit à se forcer un passage là où Epsom a échoué.

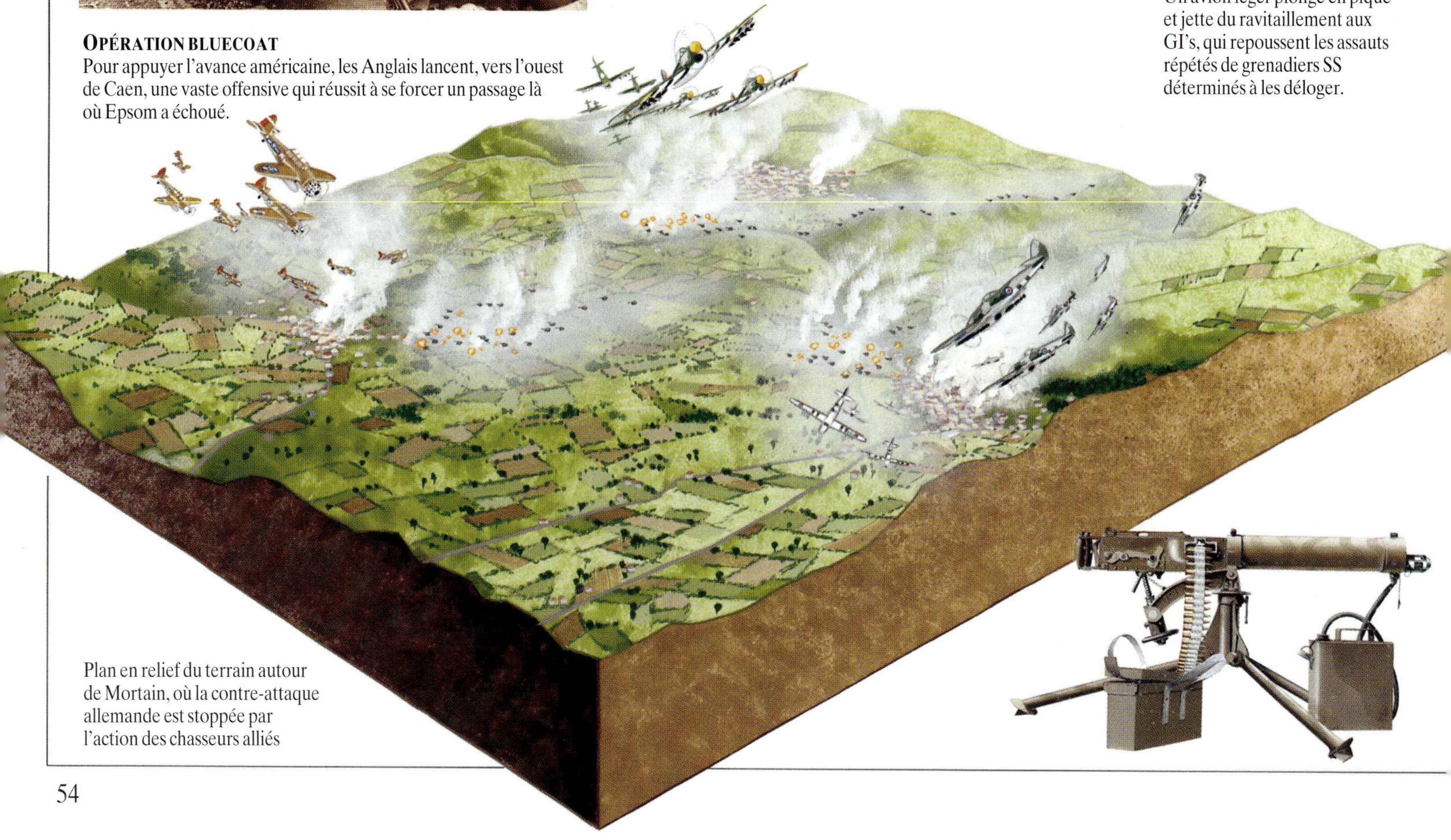

Plan en relief du terrain autour de Mortain, où la contre-attaque allemande est stoppée par l'action des chasseurs alliés

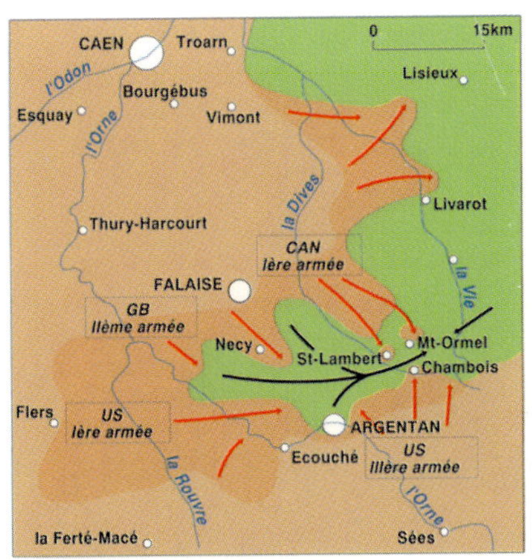

La carte ci-contre illustre le développement du piège, alors que les armées alliées progressent dans toutes les directions, talonnant les Allemands en retraite, les confinant dans un corridor toujours plus étroit.

POLONAIS ET CANADIENS
La 1re division blindée polonaise, commandée par le général Maczek (à droite), est rattachée à l'armée canadienne et prend part à l'avance vers le sud, de Caen à Falaise. L'une de ces unités, jetée contre la ligne de retraite allemande, s'établit sur le mont Ormel. Résistant aux efforts acharnés des Allemands pour les déloger, les Polonais font feu sur les colonnes compactes des transports ennemis, pendant que les Canadiens s'emparent des ponts sur la Dive à Saint-Lambert.

LE PIÈGE SE REFERME
L'équipage d'un blindé, probablement polonais, étudie la carte avec des troupes américaines, dans le village de Chambois, où ils se sont rejoints le 19 août, fermant ainsi définitivement la poche. Ceux qui peuvent s'échapper s'enfuient par petits groupes. Seuls 130 blindés parviennent au nord de la Seine. Von Kluge se suicide et les avant-gardes de Patton sont déjà sur la Seine, près de Mantes.

LE CORRIDOR DE LA MORT
Alors que la pression des Alliés augmente et que se resserrent les voies d'évasion, les chasseurs-bombardiers, descendant en piqué, mitraillent les formations serrées de l'ennemi. Les chevaux, terrorisés, renversent les chariots, les camions prennent feu et les réservoirs d'essence explosent, transformant la campagne paisible en un véritable cimetière. Pour traverser la Dive, les Allemands remplissent le lit de la rivière d'épaves de véhicules, marchant simplement sur leurs toits, en guise de pont, dans leur hâte désespérée à fuir.

POUR EUX, LA GUERRE EST FINIE
Les Alliés font 50 000 prisonniers dans la poche de Falaise, les restes de la VIIe armée et de la 5e division de Panzer. Négligemment gardé, un fier officier allemand marche vers la captivité, à la tête d'un groupe de prisonniers ahuris, emportant leurs quelques effets personnels. La bataille de Normandie est terminée.

ARGENTAN
Bradley ordonne au 15e corps de Patton, qui comprend la 2e division blindée française, de tourner vers le nord à la rencontre des Canadiens, et, le 20 août, Argentan est prise. Sur la photographie ci-dessous, un char « Tigre » endommagé repose parmi les ruines ; en arrière-plan, le clocher de la cathédrale. De là, les Français se portent au nord-est, sur une position d'où ils peuvent directement faire feu sur la masse des ennemis en retraite, se déversant à flots à portée des canons de leurs chars et de leur artillerie.

FRANCE

La 2e division blindée

Le 1er août 1944, débarque sur Utah Beach la 2e division blindée française, rattachée à la IIIe armée américaine du général Patton, avec à sa tête le général Leclerc, compagnon de la première heure du général de Gaulle. Mais l'épopée de la 2e DB ne commence pas sur les plages de Normandie. Depuis trois ans, elle s'est battue au Tchad, au Cameroun et surtout en Afrique du Nord, où elle a enlevée l'oasis de Koufra aux Italiens, alliés des Allemands. Enfin, en décembre 1943, de Gaulle a confié à Leclerc son intention de faire libérer Paris par la 2e DB, belle image de la souveraineté française retrouvée.

Leclerc
Reçu premier à l'école de guerre en 1924, Philippe de Hautecloque, dit Leclerc, participe à la bataille de France en 1940 ; il est fait deux fois prisonnier ; deux fois évadé, il rejoint de Gaulle à Londres le 22 juillet. Personnage légendaire, il est nommé capitaine en 1935, colonel en 1940, général en 1941. En 1944, il est envoyé en Indochine. Il se tuera dans un accident d'avion en 1947.

Le 2 mars 1941, après la prise de Koufra, le général Leclerc fait prêter à ses hommes le serment suivant : « Jurez de ne déposer les armes que lorsque nos couleurs flotteront à nouveau sur la cathédrale de Strasbourg. » Fidèle à son engagement, la 2e DB s'empare de Strasbourg le 25 novembre 1944.

De la 2e DFL à la 2e DB

La 2e division légère française libre est issue du régiment des tirailleurs sénégalais du Tchad, mais aussi de troupes venant de tout l'Empire français, du Moyen-Orient à la Guyane, également des évadés de France, via l'Espagne, tous très motivés, qui se rallient en masse autour du général de Gaulle, trois mois à peine après l'appel du 18 juin 1940. Trois ans plus tard, après la campagne du Fezzan et de Tunisie, le 24 août 1943, en Afrique du Nord, la 2e DFL est transformée en division blindée et garde, pour des raisons sentimentales, son numéro d'ordre : la 2e DFL devient la 2e DB.
Outre le général Leclerc, des officiers valeureux l'encadrent : Warrabiot, Langlade, Noiret, La Horie, Guillebon, Rouvillois, de Boissieu, Dio, Massu, Billotte, et même un certain Moncorgé, plus connu sous le nom de Jean Gabin.

De Koufra à Utah Beach

Le 1er mars 1941, à partir du Tchad, après une course de plus de 1 600 km à travers le désert, le général Leclerc prend l'oasis de Koufra, située dans le Fezzan en Libye, aux Italiens, avec seulement 250 Africains et 50 Français. Il ne s'arrête pas là ; la 2e DB, en cours de constitution, s'enrichit d'unités entières qui se rallient à elle. En janvier 1943, Leclerc fait la jonction avec Montgomery en Tunisie. Puis la 2e DB s'embarque pour l'Angleterre pour s'entraîner au débarquement. Enfin, le 1er août 1944, elle atteint la plage d'Utah, près de Saint-Martin-de-Varreville, dans la Manche. L'émotion étreint les combattants qui foulent le sol français, ultime étape du serment de Koufra.

NOUS ARRIVONS !
Leclerc, ici en uniforme de tankiste, entre Rambouillet et la capitale. Le mercredi 23 août, il envoie un message aux autorités de la Résistance parisienne – « Tenez bon, nous arrivons ! » – qu'il fait parachuter par un petit avion de reconnaissance sur l'Hôtel de Ville.

VERS PARIS
Dès le 7 août, La 2e DB se bat devant Avranches avec l'armée de Patton, puis elle reçoit l'ordre de soutenir les Alliés qui font face à la contre-offensive allemande de Mortain. Elle traverse la Sarthe au nord du Mans, prend Alençon le 12 août, Carrouges, Ecouché le 13 et participe à l'offensive des Alliés dans la réduction de la poche de Falaise vers le 20 août.

Revêtus d'uniformes américains de la IIIe armée, la 2e DB parcourt les villages de Normandie sous les acclamations des Français massés sur les routes.

Char Sherman

Le lendemain, Leclerc est devant Argentan, à moins de 200 km de Paris ; il piétine d'impatience. En effet, pendant ce temps, Paris s'est insurgé contre l'occupant nazi ; la Résistance à court de munitions, aux abois, appelle les Alliés au secours. Leclerc décide de lancer un détachement léger, dirigé par Guillebon, vers la capitale. Puis il fait parachuter un message d'encouragement aux Parisiens.

Ce char utilisé par la 2e DB, qui arbore ici son insigne, est surnommé le « prêtre » en raison de sa tourelle en forme de chaire.

La libération de Paris

À peine les Alliés ont-ils débarqué en Normandie que Paris se soulève contre l'occupant. Tout se précipite le samedi 19 août ; la Résistance, regroupée autour du Conseil national de la Résistance et des Forces françaises de l'intérieur, appelle le peuple à l'insurrection. Les barricades sont érigées, l'Hôtel de Ville et la préfecture de police sont occupés. Le général de Gaulle presse les Alliés d'intervenir. Le 22 août, Eisenhower donne l'ordre à la 2e DB de libérer Paris. Le 25, les Allemands capitulent. Paris libéré, le monde libre retrouve le symbole de la liberté.

En route pour Paris ! Lorsque Leclerc reçoit l'ordre d'Eisenhower de foncer sur Paris le 22 août, il met en route la 2e DB et fonce vers la capitale, car il sait combien les insurgés ont besoin de lui. Il passe la porte d'Orléans le vendredi 25 et rejoint la gare Montparnasse où il installe son PC.

De l'Arc de Triomphe à Notre-Dame

Les acclamations d'une foule immense et frémissante saluent sur son passage le général de Gaulle

Mitraillette Sten, utilisée par les FFI

Les barricades Le 22 août, Parisiens et Parisiennes, jeunes et moins jeunes, répondent à l'appel de Rol-Tanguy, le chef des Forces françaises de l'intérieur (FFI), pour élever des barricades à chaque carrefour afin d'empêcher les chars allemands de circuler. Pour cela, tout est bon : grilles, pavés, sacs de sable, camions pris à l'ennemi, on a même vu quelqu'un descendre sa baignoire… On récupère les armes partout. Près de 600 barricades sont érigées.

L'occupation des édifices publics Le premier jour de l'insurrection, le samedi 19 août, l'initiative vient de la police qui décide d'investir au petit matin la préfecture. Les fusillades éclatent. Les insurgés FFI s'emparent des mairies d'arrondissements, de la poste centrale et de l'Hôtel de Ville. Rol-Tanguy impose le brassard FFI aux combattants et l'ordre de l'insurrection générale est donné. Le drapeau tricolore flotte sur divers bâtiments officiels.

Le colonel Rol-Tanguy Âgé de 36 ans, ancien chaudronnier-tôlier, le colonel Henri Tanguy, dit Rol, a pris part à la guerre d'Espagne dans une brigade internationale en tant que commissaire politique. Il est entré en Résistance dès le mois d'août 1940 au sein des comités populaires. Le 5 juin 1944, il devient le chef des Forces françaises de l'intérieur de l'Ile-de-France. Le 8 août, les FTP (Francs tireurs et partisans) et le comité d'action militaire du CNR se mettent sous ses ordres. Il est l'un des principaux artisans de la libération de Paris.

Le carrefour de la mort Place Saint-Michel et surtout au croisement des boulevards Saint-Germain et Saint-Michel, la bataille fait rage, le Pont-Neuf est stratégiquement important car il défend l'île de la Cité qui abrite la préfecture de police. Malgré la trêve signée le 20 août, les insurgés ne cessent pas le combat.

Le vendredi 25 août, le général von Choltitz, commandant du *Gross Paris*, signe devant Leclerc et Rol-Tanguy l'acte de reddition.

LE DÉFILÉ DU 26 AOUT
Le samedi, le général de Gaulle décide d'un grand défilé sur les Champs-Elysées pour célébrer l'union nationale. C'est sous les acclamations d'une foule immense qu'il descend la célèbre avenue, accompagné des principaux chefs de la Résistance, comme Georges Bidault, Alexandre Parodi, Rol-Tanguy, mais aussi les généraux Leclerc, Kœnig, Juin…

LA REVANCHE
Le bilan de la libération de Paris est très lourd : environ 1 000 morts et fusillés, 1 500 blessés pour les FFI ; 582 morts et plus de 2 000 blessés parmi la population civile ; la 2ᵉ DB déplore 130 tués et 225 blessés ; côté allemand, 3 200 tués et 12 800 prisonniers. Parfois, la foule se déchaîne, reconnaissant un bourreau, ou encore contre un collaborateur ou des femmes qui ont fréquenté des Allemands.

PARIS LIBÉRÉ
« Pourquoi voulez-vous que nous dissimulions l'émotion qui nous étreint tous, hommes et femmes, qui sommes ici, chez nous, dans Paris debout pour se libérer et qui a su le faire de ses mains ? Non ! nous ne dissimulerons pas cette émotion profonde et sacrée. Il y a là des minutes qui dépassent chacune de nos pauvres vies. Paris ! Paris outragé ! Paris brisé ! Paris martyrisé ! mais Paris libéré ! libéré par lui-même, libéré par son peuple avec le concours des armées de la France, avec l'appui et le concours de la France tout entière, de la France qui se bat, de la seule France, de la vraie France, de la France éternelle. Eh bien ! puisque l'ennemi qui tenait Paris a capitulé dans nos mains, la France rentre à Paris, chez elle. Elle y rentre sanglante, mais bien résolue » (discours du général de Gaulle devant l'Hôtel de Ville).

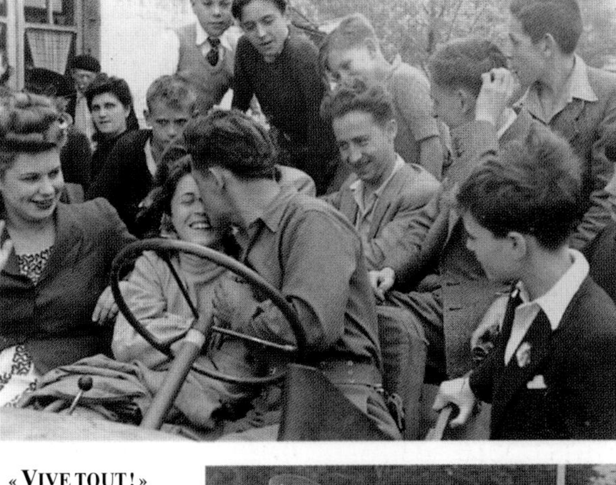

« VIVE TOUT ! »
Exalté, l'écrivain Claude Roy s'écrie : « Vive l'armée, vive les moineaux… Vive tout ! » Il fait beau sur la capitale et les Parisiens, surtout les Parisiennes, s'adonnent à la joie d'embrasser les soldats de la 2ᵉ DB mais aussi les Américains de la 4ᵉ division du général Barton venus en renfort. On découvre les cigarettes, les bas nylon et le chocolat en barre. On s'embrasse, on acclame ses libérateurs. L'heure est à l'excitation, à la liesse. « C'est le plus beau jour de ma vie », ajoute Claude Roy.

DE GAULLE ET EISENHOWER
Le 28 août, les troupes américaines défilent à leur tour sur les Champs-Elysées, la visite que le général Eisenhower rend au général de Gaulle symbolise l'indépendance retrouvée. Personne ne peut plus douter, en France comme à l'étranger, de la légitimité du chef de la France libre. Sur le plan diplomatique, le Gouvernement provisoire est enfin reconnu le 24 octobre par les Etats-Unis. Sur le plan national, c'est l'union dans la liberté.

Les GI's de la 4ᵉ division découvrent Paris sous le soleil du mois d'août. Ils se précipitent aux terrasses de cafés et dans les hauts lieux touristiques, comme ici à la tour Eiffel.

LA MÉMOIRE

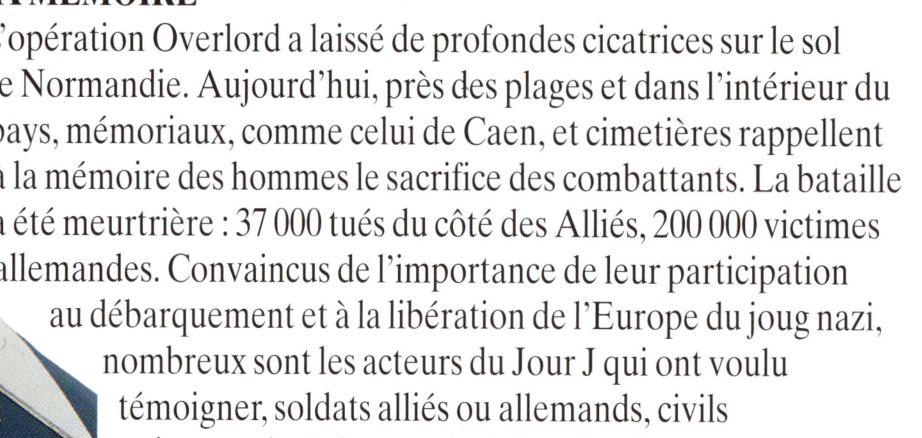

L'opération Overlord a laissé de profondes cicatrices sur le sol de Normandie. Aujourd'hui, près des plages et dans l'intérieur du pays, mémoriaux, comme celui de Caen, et cimetières rappellent à la mémoire des hommes le sacrifice des combattants. La bataille a été meurtrière : 37 000 tués du côté des Alliés, 200 000 victimes allemandes. Convaincus de l'importance de leur participation au débarquement et à la libération de l'Europe du joug nazi, nombreux sont les acteurs du Jour J qui ont voulu témoigner, soldats alliés ou allemands, civils qui ont enduré deux mois de bombardements.

LE MÉMORIAL DE CAEN
Conçu autour de différents espaces audiovisuels spectaculaires – murs d'images, projection de films, galeries d'objets – le Mémorial célèbre la paix à travers une mise en scène en quatre actes : les années 1920 et la faillite de la paix ; le choc de la guerre, la France des années noires, la Résistance, les déportations, les peuples martyrs ; le Jour J, la bataille de Normandie, les larmes et l'espoir ; Espérance. Ouvert au public depuis 1988, le Mémorial abrite également la galerie des prix Nobel de la Paix, une bibliothèque, un centre de documentation, des archives (témoignages, photographies, documents) – souvent inédites –, une cinémathèque, des salles de conférences, une boutique et une librairie. Lieu de mémoire, le Mémorial accueille des milliers de visiteurs, groupes scolaires, mais également de nombreux vétérans. Gravés dans la pierre de la façade, ces mots : « La douleur m'a brisé, la fraternité m'a relevé, de ma blessure a jailli un fleuve de liberté. »

Le musée du débarquement à Arromanches (ci-dessus) est consacré au « port Wilson ».

LES SOUVENIRS DES CIVILS
« La liberté recouvrée n'a pas réussi à effacer totalement les souffrances de la bataille. Les adolescents et les adultes d'alors avouent qu'ils rêvent encore des bombardements. Pourtant, dans l'album des souvenirs qu'ils feuillettent, une photographie leur est chère : celle où ils posent, devant une maison en ruine, à côté des soldats alliés venus hâter leur délivrance, car elle est le symbole de la vie qui recommence. »

WILLIAM MC CONAHEY, CHIRURGIEN AMÉRICAIN
« Aujourd'hui, dans ma mémoire, ces premiers jours démentiels, dans le feu des combats, restent comme un cauchemar désespérément confus. Tout ce que j'ai connu me paraît irréel, les jours succédant aux nuits et les nuits aux jours, sans plus rien signifier. Le temps semblait s'être arrêté, une semaine durait un mois. En l'espace de quelques jours, nous sommes devenus des vétérans aguerris. Certains hommes se conduisaient en héros, d'autres se laissaient couler ou montraient une âme de lâche. Les faits d'armes étaient monnaie courante et pourtant le plus grand nombre est resté ignoré du reste du monde. Les événements qui se sont déroulés sont brumeux dans mon esprit et je ne peux me les rappeler avec précision. En revanche, je garde des souvenirs clairs et douloureux de l'arrivée à mon infirmerie de tant de mes camarades, venus à moi avec leurs terribles blessures. »

Ci-dessus, le Mémorial de Caen. Ci-dessous, le petit musée dédié au 6 juin, sur le site d'Utah Beach, près de la Madeleine.

CIMETIÈRES AMÉRICAINS
La politique américaine est de ramener les corps des soldats pour qu'ils soient enterrés dans leur ville natale, si la famille en fait la demande. Sinon, les victimes sont rassemblées dans d'immenses cimetières. Ici, celui de Saint-Laurent, sur les falaises dominant Omaha Beach.

CIMETIÈRES CANADIENS
Les Canadiens ont adopté la même attitude que les Anglais vis-à-vis des cimetières de guerre : les pierres tombales sont toutes identiques, portant le nom de la victime, son rang, son matricule, la date de sa mort et l'insigne de son unité. Si le corps d'un soldat n'a pu être identifié, la pierre tombale porte la mention : « connu de Dieu ».

SYDNEY JARY, OFFICIER BRITANNIQUE
« C'est dans la jungle du bocage que je commençai de comprendre l'importance capitale de la "maîtrise", maîtrise de soi, maîtrise de ses hommes, maîtrise de la situation. A la différence de ce qui se passe dans les films ou les romans, les hommes au combat réagissent avec leurs nerfs. La discipline, l'honneur du corps dans lequel on sert sont des atouts sérieux mais, dans les moments où le danger rôde, la maîtrise du chef est la clef de la victoire. Bien se conduire au feu, à tous égards, exige selon moi deux conditions. D'abord, les hommes doivent avoir une confiance sans défaut en leur chef et en ses qualités guerrières. D'autre part, ils doivent avoir confiance en eux-mêmes, en tant que soldats. C'est d'autant plus aisé si, en outre, leur chef a la réputation d'avoir de la chance. Le maréchal Montgomery disait souvent qu'il faut "faire danser l'ennemi à notre rythme". Et ceci n'est jamais aussi important qu'au sein d'une section au combat. C'est même un facteur décisif car si vous ne pouvez dominer la situation, soyez assuré que l'ennemi le pourra. »

CIMETIÈRES ANGLAIS
Les Britanniques ne rapatrient pas leurs morts, aussi les ont-ils installés dans de petits cimetières sur les anciens champs de bataille, dont certains, en Normandie, abritent également des tombes allemandes. Les tombes sont disposées selon un plan défini depuis la Première Guerre mondiale, au milieu de parterres de fleurs. Autre particularité : de nombreuses pierres tombales portent des messages personnels adressés par les familles. Il y a seize cimetières britanniques en Normandie.

CIMETIÈRES ALLEMANDS
En Normandie, les cimetières allemands sont très différents. Beaucoup de pierres tombales portent la mention « Unbekannt » (inconnu). Les autres sont signalées par une simple plaque de pierre avec l'inscription du nom, du rang et les dates de naissance et de décès. A l'origine, les Allemands étaient enterrés là où ils tombaient sur le champ de bataille, mais après la guerre, les autorités françaises ont commencé à rassembler les corps. Vers la fin des années 1950, un organisme allemand fut autorisé à prendre en charge la gestion et l'entretien des cimetières normands. Celui ci-dessus est situé à Saint-Denis-de-Lisieux ; il abrite les corps des hommes tués dans la poche de Falaise. Le plus important est celui de La Cambe.

Bill Millin, le joueur de cornemuse qui débarqua le Jour J avec le commando de lord Lovat, est un des nombreux vétérans qui reviennent chaque année sur les champs de bataille normands pour rendre hommage à leurs camarades disparus.

Chronologie

Juin 1940 Les troupes anglaises sont évacuées de Dunkerque.
22 juin 1940 La France signe l'armistice avec l'Allemagne.
21 juin 1941 L'Allemagne déclare la guerre à l'URSS.
7 décembre 1941 L'attaque japonaise sur Pearl Harbor provoque l'entrée en guerre des Etats-Unis.
19 août 1942 Raid anglo-canadien sur Dieppe.
8 novembre 1942 Opération Torch, débarquement allié en Afrique du Nord.
Janvier 1943 Conférence de Casablanca. Mise en place de l'état-major du COSSAC.
10 juillet 1943 Opération Husky, débarquement allié en Sicile.
8 septembre 1943 Capitulation de l'Italie. Opération Avalanche : débarquement allié en Italie.
6 décembre 1943 Le général Eisenhower est nommé au commandement suprême des forces expéditionnaires alliées.
15 mai 1944 Conférence du SHAEF.
6 juin 1944 Le Jour J, opération Overlord : débarquement allié en Normandie.
11 juin Hitler interdit la retraite allemande.
12 juin La Ire armée américaine prend Carentan.
13 juin Echec de la IIe armée britannique devant Villers-Bocage.
14 juin Discours du général de Gaulle à Bayeux.
17 juin La Ire armée américaine prend Barneville.
19-22 juin Une violente tempête disloque les ports Mulberry.

Ci-dessus et en bas à gauche, La Bête est morte *de Calvo*

25 juin Opération Dauntless par le 30e corps britannique.
26-30 juin Opération Epsom lancée par le 8e corps anglais à l'ouest de Caen.
27 juin Prise de Cherbourg par le 7e corps US.
2 juillet Le maréchal von Rundstedt est remplacé par le maréchal von Kluge.
3 juillet Début de l'offensive sur Saint-Lô par la Ire armée US.
7-8 juillet Opération Charmwood : le 1er corps britannique nettoie la moitié nord de Caen.
18 juillet Le maréchal Rommel grièvement blessé est remplacé par le maréchal von Kluge.
18-20 juillet Opération Goodwood : prise de Caen par les 8e et 1er corps britanniques, et le 2e corps canadien.
19 juillet Prise de Saint-Lô par la Ire armée US.
23 juillet La Ire armée canadienne devient opérationnelle.
25-28 juillet Opération Cobra, début de l'offensive américaine vers Avranches.
30 juillet Opération Bluecoat par la IIe armée britannique, attaque au sud de Caen. La Ire armée US prend Avranches.
1er août La IIIe armée US devient opérationnelle.
6-8 août Contre-attaque allemande sur Mortain.
8 août Opération Totalize par la Ire armée canadienne le long de la route Caen-Falaise.
12 août Le général Bradley avec le 15e corps US prend Argentan.
16 août Retraite de la VIIe armée allemande.
17 août La Ire armée canadienne prend Falaise.
19 août La IIIe armée US franchit la Seine à Mantes.
20-22 août Fermeture de la poche de Falaise par la Ire armée canadienne et la Ire armée US.
19-25 août Libération de Paris par les FFI et la 2e DB.

Bibliographie

– Archives du Mémorial pour la paix de Caen.
– Badsey, Stephen, *Jour J, du débarquement à la libération,* Atlas, Paris, 1944.
– Bedarida, François (sous la direction de), *Normandie 44, du débarquement à la libération,* IHTP, Albin Michel, Paris, 1987.
– Bernage, Georges (sous la direction de), *Normandie Album Mémorial, 6 juin-22 août 1944,* Heimdal, Bayeux, 1991.
– Bernage, Georges ; Benamou, Jean-Pierre ; Crochet, Bernard ; de Lannoy, François ; Mari, Laurent ; MacNair, Ronald, *Album Mémorial Overlord, Jour J en Normandie,* Heimdal, Bayeux, 1993.
– Bolloré, Gwenn-aël, dit Bollinger, *J'ai débarqué le 6 juin 1944,* Editions du Cherche-Midi, Paris, 1994.
– Brouard, Jean-Yves, *Les Liberty Ships,* Glénat, Grenoble, 1993.
– Carell, Paul, *Sie kommen, Ils arrivent,* Robert Laffont, Paris, 1961.
– Collins, Larry, *Opération Fortitude,* Le Livre de poche, Paris.
– *D Day Operation Overlord,* Salamander, Londres, 1993.
– De Gaulle, Charles, *Mémoires,* Gallimard, Bibliothèque de la Pléiade, Paris.
– Desquesnes, Rémy, *Normandie 1944,* Mémorial de Caen, Ouest-France, Rennes, 1993.
– Eisenhower, Dwight D., *Croisade en Europe,* Robert Laffont, Paris, 1986.
– Hemingway, Ernest, *En route pour la victoire,* in *Œuvres romanesques,* tome II, traduit par Georges Magnane, Gallimard, Bibliothèque de la Pléiade, Paris.
– Keegan, John, *Six Armées en Normandie,* Albin Michel, Paris, 1984.
– Kemp, Anthony, *6 juin 1944, le débarquement en Normandie,* Découvertes Gallimard, Paris, 1994.
– Lapierre, Dominique et Collins, Larry, *Paris brûle-t-il ?,* Robert Laffont, Paris.
– Lovat, lord, *March Past,* Weinfeld & Nicholson, London, 1979.
– Quétel, Claude, *Un Mémorial pour la Paix,* Editions du Regard/ Mémorial de Caen, 1992.
– Ryan, Cornelius, *Le Jour le plus long,* Robert Laffont, Paris.

Musées et principaux sites en Normandie, en Grande-Bretagne et aux États-Unis

– **Caen**
Mémorial pour la Paix.
– **Cherbourg**
Musée de la Guerre et de la Libération, au fort du Roule.
– **Quinéville**
Musée de la Liberté.
– **Pointe du Hoc**
En hommage aux Rangers du colonel Rudder.
– **Omaha Beach**
Cimetière américain rassemblant plus de 9 000 tombes.
– **Batterie de Longues**
Seul bunker intact, entre Arromanches et Port-en-Bessin.
– **Arromanches**
Musée du Débarquement et vestiges du port artificiel.
– **Ouistreham**
Musée du 4e Commando sur Sword Beach.
Musée du Mur de l'Atlantique.
– **Sainte-Mère-Église**
Musée des Troupes aéroportées.
– **Sainte-Marie-du-Mont**
Musée du Débarquement sur Utah Beach.
– **Utah Beach**
Borne de la voie de la liberté.
– **Port-en-Bessin**
Musée des Epaves sous-marines.
– **Bayeux**
Musée Mémorial de la bataille de Normandie, avec une remarquable exposition de matériel, d'armes et d'uniformes et une présentation détaillée de la bataille à partir de souvenirs, films et dioramas.
– **Falaise**
Musée d'Août 1944.
– **Bénouville**
Musée des Troupes aéroportées anglaises autour du Pegasus Bridge.
– **Avranches**
Musée de la Seconde Guerre mondiale.
– **Montormel**
Mémorial de Coudehard-Montormel sur la bataille de Normandie.
– **L'Aigle**
Musée de Juin 1944.
– **Alençon**
Musée Leclerc et de la Libération.

Filmographie

– *Le Renard du désert* (*The Desert Fox*) d'Henry Hathaway, avec James Mason, la vie du maréchal Rommel de l'Afrique du Nord à la Normandie (1951).
– *Au-delà de la gloire* (*The Big Red One*) de Samuel Fuller avec Lee Marvin, Christian Marquand et Robert Carradine, l'épopée de la 1re division américaine de l'opération Torch à l'Allemagne (1980).
– *Le Jour d'après* (*Up from the Beach*) de Robert Parrish avec Cliff Robertson, le 7 juin 1944 (1965).

– *36 heures avant le débarquement* (*36 Hours*) de G. Seaton avec James Garner et Rod Taylor, espionnage (1964).
– *La Vie de château* de Jean-Paul Rappeneau avec Catherine Deneuve, Philippe Noiret, la vie d'une famille normande à l'heure du débarquement (1965).
– *Le Bal des maudits* (*The Young Lions*) d'Edward Dmytrik (1958).
– *Le 6 juin à l'aube* de Jean Grémillon, film documentaire (1944-1946).
– *Patton* de Franklin Schaffner avec George C. Scott, la vie du général Patton de l'Afrique du Nord à l'Allemagne (1970).
– *Le Jour le plus long* (*The Longest Day*) de Kenn Annakin, Andrew Marton, Bernhard Wicki, Darryl Zanuck, tourné en 1962 d'après l'ouvrage de Cornelius Ryan, ce film, qui retrace « le plus long jour du siècle », selon les mots de Rommel, ne nécessita pas moins de quatre réalisateurs. Quelques-unes des plus grandes vedettes de cinéma, américaines, anglaises et françaises y jouèrent le rôle d'hommes célèbres, mais aussi d'anonymes, non moins héroïques.

Cimetières militaires

– **Américains**
Colleville-Saint-Laurent (9 000 tombes), Saint-James (4 000 tombes)
– **Britanniques**
Barneville-Sannerville, Bayeux (5 000 tombes), Brouay, Cambes-en-Plaine, Chouain, Douvres-la-Délivrande, Fontenay-le-Pesnel, Hermanville-sur-Mer, Hottot-Longraye, Saint-Manvieu, Secqueville-en-Bessin, Tilly-sur-Seulles, Saint-Charles-de-Percy, Saint-Désir-de-Lisieux.
– **Français**
Alençon, nécropole de la 2e DB.
– **Canadiens**
Bény-sur-Mer-Reviers, Bretteville-sur-Laize-Cintheaux.
– **Polonais**
Grainville-Langannerie.
– **Allemands**
La Cambe (21 000 tombes), Saint-Désir-de-Lisieux, La Chapelle-en-Juger, Orglandes, Huisnes-sur-Mer.

Les musées à l'étranger

– **Portsmouth**
D Day Museum, Royal Navy Museum.
– **Londres**
Imperial War Museum (archives et photothèque ouvertes au public), National Army Museum, Royal Air Force Museum.
– **Washington**
US Navy Museum, US Army Center of Military History.

Les armées en présence au jour J

• Les Alliés

– Commandant suprême : général Eisenhower (US)
– Commandant suprême adjoint : maréchal de l'air Tedder (GB)
– Chef d'état-major : général Bedell-Smith (US)
– Commandant en chef de l'opération Neptune : amiral Ramsay (GB)

21e groupe d'armées (général Montgomery)

Ire armée US (général Bradley)
– 7e corps
4e division d'infanterie
– 5e corps
1re division d'infanterie
82e division aéroportée
101e division aéroportée

IIe armée GB (général Dempsey)
– 79e division blindée
30e brigade blindée
1re brigade de chars
1re brigade d'assaut RE
– Brigades indépendantes
27e brigade blindée
8e brigade blindée
2e brigade blindée canadienne
– 1er corps
– 30e corps
– 3e division
8e brigade
9e brigade
185e brigade
Troupes regroupées en divisions
– 6e division aéroportée
3e brigade de parachutistes
5e brigade de parachutistes
6e brigade aéroportée
Troupes regroupées en divisions
– 50e division du Northumbrian
69e brigade
151e brigade
231e brigade
Troupes regroupées en divisions
– 3e division canadienne
7e brigade
8e brigade
9e brigade
Troupes regroupées en divisions
– Commandos (indépendants)

• Les Allemands

Groupe d'armées allemandes B (maréchal von Rundstedt)

VIIe armée (général Dollman)
– 84e corps
– 21e division blindée

Glossaire

2e DB 2e division blindée de la France libre qui participe à la bataille de Normandie et à la libération de Paris.
Big Red One Surnom de la 1re division d'infanterie US qui débarque sur Omaha Beach.
Bocage Nom du paysage typique de Normandie, formé de haies et de chemins creux.
Commando Kieffer Commando de 125 Français libres dirigé par le commandant Kieffer, dépendant du 4e Commando des services spéciaux britanniques de lord Lovat.
COSSAC (*Chief of Staff to the Supreme Allied Commander*) Organisme, créé en 1943, chargé de préparer la logistique du débarquement en Normandie.
FFI Forces françaises de l'intérieur, nom donné aux mouvements de Résistance qui vont notamment libérer Paris, assistés de la 2e DB.
Fortitude Nom de code de l'opération d'intoxication des Allemands par les Alliés pour leur faire croire à un débarquement dans le Pas-de-Calais.
Mulberry Nom des deux ports artificiels installés en Normandie pour le débarquement des nouvelles troupes et des engins lourds.
Mur de l'Atlantique Réseau de batteries et de bunkers le long des côtes de la Manche construit par les Allemands pour prévenir un débarquement allié.
Neptune Nom de code de l'opération navale du débarquement le Jour J, dirigée par l'amiral britannique Ramsay.
Overlord (« suzerain ») nom de l'opération de débarquement le Jour J.
Plages du débarquement plages américaines : Utah, Omaha, nom d'un Etat américain et d'une ville du Nebraska ; Gold, Juno et Sword, nom de code des plages anglo-canadiennes.
PLUTO (*Pipe Line Under The Ocean*) pipeline mis en place, dès le 7 juin 1944, des côtes anglaises à Cherbourg, pour le ravitaillement des troupes en carburant.
SHAEF (*Supreme Headquarter of Allied Expeditionary Forces*) Commandement suprême des forces expéditionnaires alliées, dirigé par le général Eisenhower.

INDEX

ICONOGRAPHIE

Abréviations
AKG : Archiv fur Kunst und Geschichte, Berlin.
BN : Bibliothèque nationale, Paris.
BPK : Bildarchiv Preussicher Kulturbesitz, Berlin.
FHL : Fonds historique Leclerc, Saint-Germain-en-Laye.
IWM : Imperial War Museum, Londres.
NA : National Archives, Washington.
PNPL : Peter Newark's Pictures Library

h = haut ; b = bas ; c = centre ; g = gauche ; d = droit

1er plat Archives nationales du Canada, DR, **1** c : John Batchelor. **2** hg : Pierre Vals ; hd : John Batchelor ; cg : Tallandier ; cm : D.R. ; cd : John Batchelor ; m : John Batchelor ; bg : John Batchelor ; bd : Jean-Marie Guillou. **3** h : Jean-Philippe Chabot ; c : D Day Museum, Portsmouth ; b : Magnum, photo Robert Capa. **4** hg : John Batchelor ; hm : Jean Torton ; hd : D.R. ; cg : Jean-Marie Guillou ; cd : IWM ; mg : BN ; John Batchelor, Jean-Marie Guillou ; md : John Batchelor ; b : John Batchelor. **5** h : John Batchelor. **6** hd D.R. ; cg : Réunion des musées nationaux, Paris ; d : Giraudon ; bg : Artephot-Nimatallah ; bd : D.R. **7** hg : Artephot ; hg : D.R. ; cd : Bruno Lenormand ; b : Donald Grant. **8** hg : Roger-Viollet ; hd : Keystone ; cg : NA ; cd : Keystone ; bg : Roger-Viollet ; bd : Roger-Viollet. **9** hg : Roger-Viollet ; hd : Tallandier ; c : D.R. ; b : BPK. **10** hg : Roger-Viollet ; cg : Roger-Viollet ; cd : Christophe L. ; bg : Tallandier ; bd : Keystone. **11** hg : Tallandier ; hd : Keystone ; cg : Tallandier ; cd : Lapi-Viollet ; b : Roger-Viollet. **12** cg : IWM ; cd : PNPL ; b : IWM. **13** hg : Roger-Viollet ; hd : BN ; cg : Roger-Viollet ; cd : Mémorial de Caen ; bg : IWM ; bd : Association of American Railrods. **14** h : Tallandier ; cg : Mémorial de Caen ; c : Philippe Doussinet ; cd : Keystone ; bg : IWM ; bd : Roger-Viollet. **15** hg : Tallandier ; hd : Roger-Viollet ; cg : Keystone ; cd : Roger-Viollet ; bg : John Batchelor ; bd : Tallandier. **16** hg : AKG ; hd : BPK ; cg : PNPL ; cd : BN ; cd : Philippe Doussinet ; b : Bundes Archiv, Coblence. **17** hg : Jean-Marie Guillou et John Batchelor ; hd : BN ; cg : BN ; cd : BN ; b : Jean-Marie Guillou. **18** h : AKG ; c et b : Jean-Marie Guillou. **19** hg : Jean-Marie Guillou ; hd : Tallandier ; cg : AKG ; b : Jean-Marie Guillou. **20** h : D.R. ; cg : Mémorial de Caen ; bg : IWM ; bm : D Day Museum, Portsmouth ; bd : IWM. **21** hg : Tallandier ; hm : IWM ; hd : IWM ; cg : PNPL ; cm : Roger-Viollet ; b : NA. **22** hg : D.R. ; hd : John Batchelor ; cg : IWM ; cm : Mémorial de Caen ; cd : Tallandier ; bg : John Batchelor ; bd : Mémorial de Caen. **23** hg : NA ; hd : Jean-Yves Brouard ; cg : Tallandier ; cd : IWM ; b : NA. **26** h : Mitschké ; c : John Batchelor ; bg : Tallandier ; bd : Jean-Marie Guillou et John Batchelor. **27** hg : Batchelor ; hd : John Batchelor ; cg : Jacques Duléry ; cd : John Batchelor ; bd : Mémorial de Caen. **30** h : D.R., cg : John Batchelor ; cd : Salamander Publishing, Londres ; bg : D.R. ; bd : John Batchelor. **31** hg : Salamander Publishing, Londres ; hd : John Batchelor ; cg : Tank Museum, Bovington ; cd : John Batchelor ; b : John Batchelor. **32** h : Magnum, photo Robert Capa ; cg : IWM ; cd : Philippe Doussinet ; b : Tallandier. **33** g : Tallandier ; hd : Magnum, photo Robert Capa ; bd : PNPL. **34** hg : Mémorial de Caen ; hd : Philippe Doussinet ; c : Jean-Marie Guillou, Salamander Publishing, Londres, IWM ; bg : Roger-Viollet ; bd : Jean-Philippe Chabot. **35** h et cg : Mémorial de Caen, cd : Roger-Viollet ; bg : Jacques Duléry ; bd : Jean-Philippe Chabot. **36** h : NA ; c : Tallandier ; **37** hg : Philippe Doussinet ; hd : Jacques Duléry ; cg : Salamander Publishing, Londres ; cd : NA ; bd : BN. **38** h, c, b : Magnum, photo Robert Capa. **39** hg : Philippe Doussinet ; hd : Magnum, photo Robert Capa ; c : D Day Museum, Portsmouth ; bg : Magnum, photo Robert Capa ; bd : IWM. **40** h : D Day Museum, Portsmouth ; cg : John Batchelor ; cd : D.R. ; b : IWM. **41** hg : Philippe Doussinet ; hd : John Batchelor ; cg : John Batchelor ; cd : Sygma/L'Illustration ; b : Tallandier. **42** h : D.R. ; cg : IWM ; cd : Tallandier ; bg : D.R., bg : Tallandier. **43** hg : Philippe Doussinet ; hd : ECPA, fort d'Ivry ; c : IWM ; b : IWM. **44** h : IWM ; c : IWM ; bg : Keystone ; bd : Keystone. **45** hg : John Batchelor ; hd : Sygma/L'Illustration ; cg : Mémorial de Caen et Cedri, photo Lorgnier ; cd : John Batchelor ; b : BPK. **46** hg : DR ; hd : DITE/USIS ; cg : Sygma ; cd : Magnum, photo Robert Capa ; bg : Jacques Duléry, bm : Mémorial de Bayeux, photo Labartette ; bd : Keystone. **47** hg : IWM ; hd : DITE/USIS ; cd : Keystone ; cm : Michel Sinier ; bd : Mémorial de Caen. **48** h : D.R. ; c : John Batchelor ; bg : Roger-Viollet ; bd : John Batchelor. **49** hg : NA ; hd : Mémorial de Caen ; c : Jean Torton ; bd : PNPL. **50** hg : D.R. ; hd : Philippe Doussinet ; cg : IWM ; cd : John Batchelor ; bg : Bundes Archiv, Coblence ; bd : BPK. **51** h : John Batchelor ; g : Tallandier ; cd ; IWM ; cg : Tallandier ; b : Tallandier. **52** hg : DR ; hd : Philippe Doussinet ; Lapi-Viollet ; cg : John Batchelor ; cd : Magnum, Robert Capa ; cm : Jean-Marie Guillou ; bg : AKG ; bd : Lapi-Viollet. **53** hg : Philippe Doussinet ; hd : Tallandier ; cg : DITE/USIS ; cd : Jean-Marie Guillou ; DITE/USIS ; Tallandier ; b : PNPL. **54** hg : D.R. ; hd : Lapi-Viollet ; c : DITE/USIS ; bg : Jean Torton ; bd : John Batchelor. **55** hg : Philippe Doussinet ; hd : D.R., Mémorial de Caen ; cg : Lapi-Viollet ; cd : DITE/USIS ; bg : DITE/USIS ; bd : IWM. **56** hg : D.R. ; hd : FHL ; cg : FHL ; cd : Tallandier ; bg : FHL ; bd : Tallandier. **57** hg : Tallandier ; hd : FHL ; c : Roger-Viollet ; b : John Batchelor. **58** hg : Tallandier ; hd : Roger-Viollet ; cg : Archives photo, Paris ; cm : John Batchelor, cd : Lapi-Viollet ; cg : BN ; cd : Tallandier. **59** hg : Tallandier ; hd : Pierre Vals ; cg : D.R. ; cd : Sygma/L'Illustration ; b : Tallandier. **60** hg : VISA/CREDI, photo S. Tauqueur ; hd : photo P. Forget ; cg : VISA/CREDI, photo Lorgnier ; cd : Mémorial de Caen ; mg : photo P. Forget ; bg : VISA/CREDI, photo S. Tauqueur ; bd : VISA/CREDI, photo Lorgnier. **61** hg et hd : VISA/CREDI, photo Lorgnier ; cg : IWM ; cd : photo P. Forget ; bd ; DR. **62** hg et bg : Calvo, © Futuropolis ; hd : Cahiers du Cinéma, c : British Film Institute, Londres. **63** hg : Cahiers du Cinéma ; cg : Cahiers du Cinéma ; cd : British Film Institute, Londres ; b : Mémorial de Caen.

Couverture : 1er plat : b Magnum/Robert Capa ; hg John Batchelor ; hd DR ; **dos et 4e plat :** John Batchelor.